AF203834

Tinka Beller

Von der Trauer

Edition Mini
Große Gedanken
in einem kleinen Buch

Bibliografische Information der Deutschen Nationalbibliothek
Die Deutsche Nationalbibliothek verzeichnet diese Publikation
in der Deutschen Nationalbibliografie; detaillierte bibliografische
Daten sind im Internet über http://dnb.d-nb.de abrufbar.

Edition Forsbach
Bücher mit Herz

© Edition Forsbach, Bamberg 2022
www.edition-forsbach.de

Edition Mini: Große Gedanken in einem kleinen Buch
Band 20

Coverbild: © SusaZoom – Adobe Stock
Autorenfoto: © Rea Papke Photography, Kiel

Druck und Bindung: CPI Druckdienstleistungen GmbH
Ferndinand-Jühlke-Str. 7, 99059 Erfurt
Printed in Germany
ISBN 978-3-95904-144-7 (Print)
ISBN 978-3-95904-145-4 (E-Book)

Mit großem Respekt und Dankbarkeit
für die Menschen, die mich an ihrer Trauer
haben teilhaben lassen.

P., E., A. & HF – Ihr fehlt.

In Liebe und Zuneigung für meine Familie.
Ihr seid bei mir. Wo immer ihr seid.

Inhalt

Vorwort von Sabine Sütterlin-Waack

Jeder kennt das Gefühl von Traurigkeit, von Niedergeschlagenheit. Aber Trauer ist etwas anderes, kein Moment, sondern ein Prozess. Und sie ist richtige Arbeit – Trauerarbeit.

Den Verlust eines geliebten Menschen zu verarbeiten, aber auch das Ende einer engen Freundschaft oder einer Partnerschaft zu verwinden, kostet Kraft. Wichtig ist aus meiner Sicht, die Trauer uneingeschränkt zuzulassen, damit die Seele heilen kann.

Die ersten Tage sind sicher die schwersten. Nach kurzer Zeit aber brechen gelegentlich auch Emotionen wie Wut, Verzweiflung, Schmerz und Zorn auf. Auch Schuldgefühle und die Frage nach dem „Warum" quälen viele Trauernde.

Nach einer gewissen Zeit, die Zeit läuft dann ja doch irgendwie, sind viele schwierige Situationen durchlebt und auch gemeistert.

Ich selbst habe kürzlich den tragischen Tod meiner Mutter hinnehmen müssen. Sie war alt, ich weiß, dass das Leben endlich ist, und trotzdem fehlt sie.

Mir haben Freunde mit echter Anteilnahme geholfen. Einfach mit ihrem Da-Sein, auch mit ihrem Schweigen. Eine Freundin hat mir am Abend des Beerdigungstages einen Topf Suppe, eine Flasche Wein und ein paar liebe Zeilen vor die Haustür gestellt. All das zeigt, dass man nicht allein ist, obwohl man sich so verloren vorkommt.

Jetzt sind Erinnerungen da, schöne Erinnerungen an ein nun vergangenes Leben.

Tinka Beller hat schon einige kleine Bücher geschrieben. Ich habe sie alle gelesen. Sie schreibt kompetent und einfühlsam.

Ich wünsche allen Leserinnen und Lesern, dass sie Kraft aus diesem Büchlein schöpfen können.

Dr. Sabine Sütterlin-Waack
Ministerin

Ministerium für Inneres, Kommunales, Wohnen und Sport
Schleswig-Holstein

Einleitung

Als Kind war ich in meiner Familie für einige Dinge besonders bekannt:

Meinen Hang zu Verletzungen und Unfällen, der dazu führte, dass auf den meisten der Kinderfotos ein Körperteil verbunden oder in Gips zu sehen ist. Seltsame Berufswünsche und den, freundlich formuliert, ungewöhnlichen Musikgeschmack.

Neben einer Kassette mit Häschen-Witzen, über die ich mich jeden Tag wieder schlapp lachen konnte, besaß ich zwei Musikkassetten, die ich wie einen Schatz hütete. Wo immer sich die Gelegenheit bot, hörte ich sie. Im parkenden Auto meines Vaters, auf der Anlage meiner Eltern und später auf dem ersten eigenen Kassettenrekorder.

Ich sang mit, ohne die Texte zu verstehen, voller Sehnsucht und der tiefen Gewissheit: Da singt jemand nur für mich! Ich malte mir eine gemeinsame Zukunft mit meinem Idol aus, es erschien mir logisch, fast unausweichlich, dass es nur eine Frage der Zeit sei, bis wir zusammen und für immer miteinander glücklich wären.

Ich war ungefähr fünf oder sechs Jahre alt – und der Mann meiner Träume hieß Hans Albers. Ich hatte ihn in Filmen gesehen, war schwer verliebt und sah mich als die vielbesungene „Seemannsbraut" am Ufer stehen und ihn, meinen Seemann, verabschieden. Und dann kam er.

Nicht Hans Albers, sondern der Moment, in dem mir jemand, so ganz nebenbei, mitteilte, dass der Mann meines Lebens schon lange tot sei. Diese unwesentliche Tatsache hatte ich leider in meiner Planung nicht berücksichtigt. Und so hat es mich völlig umgehauen. Auch wenn ich keine Vorstellung davon hatte, was es bedeutete, war mir klar, dass ich meine romantische Lebensplanung überdenken musste.

So kam es, dass Hans Albers, der zum Zeitpunkt meiner Geburt bereits seit zehn Jahren verstorben war, eine meiner ersten Erinnerungen zum Thema „Trauer" ist.

Seit diesem Erlebnis habe ich viele Verluste erfahren. Meerschweinchen, Freunde und Jobs sind gekommen und gegangen. Personen, die mir nahestanden, sind gestorben.

Manche, weil sie alt und krank waren, andere, weil sie jung und krank waren, wieder andere, weil sie einen Unfall hatten oder dieses Leben nicht mehr ertragen haben, nicht mehr leben konnten oder wollten.

Jeder dieser Abschiede hat mich verändert. Weil jeder dieser Menschen wichtig war. Wichtig für mich. Mein Leben. Meine Entwicklung.

Bei manchen fiel der Abschied leichter, weil es bei aller Trauer eher zu verstehen ist, wenn ein alter Mensch stirbt.

Die Großeltern oder Nachbarn und Bekannte, die „schon immer" da waren und deren Altern man erlebt hat, bevor sie verstorben sind.

Andere haben tiefere Lücken hinterlassen, die zum Teil bis heute nicht geschlossen sind. Weil diese Menschen zu früh gegangen sind und der gemeinsame Weg für mich noch nicht zu Ende war. Bis heute gibt es so viel, was ich gerne noch mit ihnen geteilt hätte.

Es gibt Menschen, die ich noch immer von ganzem Herzen vermisse. Und bei denen ich in einigen Momenten immer noch denke: „Ich hätte mir so gewünscht, dass du jetzt bei mir bist! Du fehlst mir ganz schrecklich!" So wie jetzt.

„Was man tief in seinem Herzen besitzt, kann man nicht durch den Tod verlieren." Das sagte Goethe. Und ich kann ihm nur zustimmen.

Sie haben einen Platz in meinem Herzen, die Menschen, die mich auf meinem Weg begleitet haben. Und die Menschen, die ich in meiner ehrenamtlichen Tätigkeit im Hospiz oder durch den Wünschewagen begleiten durfte. Ich bin dankbar für die Freundschaften, für das tiefe Verständnis, die Stunden voller Freude und Zuneigung – gerade, wenn bewusst war, dass die gemeinsame Zeit überschaubar ist. Bei den Menschen, denen ich durch die Hospizarbeit begegnet bin, war schon beim ersten Treffen klar, dass dies eine Beziehung auf Zeit wird. Manchmal sind die Begegnungen in diesem Wissen ganz besonders und intensiv.

Ich werde vermutlich noch von einigen Menschen Abschied nehmen müssen, die mir sehr viel bedeuten. Auch diese Verluste werden mich verändern, und ich werde diese Personen unendlich vermissen.

Aber mehr als die Trauer über die Verluste habe ich ein Gefühl von Dankbarkeit. Dankbarkeit für die Liebe und Freundschaft, die ich erleben durfte. Als Tochter, Schwester, Freundin oder Sterbebegleiterin. Dankbarkeit für die gemeinsamen Momente, deren Erinnerung ich in mir bewahre und die mir in dunklen Momenten zeigt, dass ich nicht alleine bin.

Weil jeder dieser Menschen, der mich berührt hat, ein Teil von mir ist, und jeder einzelne von ihnen mir durch einen Gedanken, ein Lied oder einen Duft, ein Lächeln ins Gesicht und ein warmes Gefühl ins Herz zaubern kann.

Ich wünsche Ihnen, dass Sie in Ihrem Herzen solche Erinnerungen bewahren, die Ihnen zeigen, dass auch Sie nicht allein sind.

Ihre Tinka Beller

Von der Untröstlichkeit

Der Tod der Eltern: Traurig.
Der Tod eines Ehepartners: Traurig und erschütternd.
Der Tod des eigenen Kindes: Traurig. Erschütternd. Und unbegreiflich.

Ich bin ein bisschen nervös vor dem ersten Kontakt mit Anna und Hans. Wie beginnt man ein Gespräch mit Menschen, deren Sohn gestorben ist? Nach Monaten zwischen immer wieder Hoffen, neuen Behandlungen und schließlich der Erkenntnis, dass es keine Heilung geben wird?

Meine Freundin Mascha hat mir von ihnen erzählt. Sie kannte Simon aus einer Studierendenorganisation, und ich erinnere mich, wie erschüttert sie war, als sie von seiner Diagnose berichtet hat. Wie unbegreiflich die Vorstellung, dass dieser junge Mensch unheilbar krank sein soll. Durch die Gespräche mit ihr wusste ich von der intensiven Begleitung durch seine Familie.

Ich habe Anna und Hans, Simons Eltern, eine Mail geschrieben. Ich möchte gerne mit ihnen über (ihre) Trauer sprechen – und heute sind wir verabredet.

Wir wohnen 500 km voneinander entfernt, unser Gespräch findet virtuell statt. Wir sind zu einer Videokonferenz verabredet, um ein Bild voneinander zu bekommen. Ich gehe mit dem Laptop durch die Wohnung und suche nach einem Platz, an dem ich die nächste Stunde gut sitzen kann. Es ist das erste Gespräch, das ich für dieses Buch führe, und ich bin aufgeregt. Wird es funktionieren? Werden wir gut miteinander ins Gespräch kommen, ohne wirklich im Kontakt miteinander zu sein?

Ich entscheide mich für das Wohnzimmer, der Schreibtisch kommt mir nicht passend vor für unser Kennenlernen. Mir gehen seltsame Gedanken durch den Kopf. Als wir miteinander sprechen, ist Simon bereits mehr als vier Jahre tot.

Gilt die Aussage „Die Zeit heilt alle Wunden" auch, wenn das eigene Kind mit 30 Jahren an einer schweren Krankheit verstirbt?

Ich balanciere den Laptop auf den Beinen und suche eine Position, in der nichts wackelt. Als ich die Kamera teste, bin ich etwas irritiert. Ich sehe ernst aus, eine Falte auf der Stirn, kein Lächeln. Wie seriös muss ein Gesichtsausdruck sein, wenn man über den größten Schmerz sprechen möchte, den Menschen erlebt haben?

Anna und Hans arbeiten mit einem Tablet, sie müssen nahe beieinandersitzen, damit ich sie gleichzeitig sehen kann. Meine Unsicherheit legt sich in dem Moment, als die beiden auf dem Bildschirm erscheinen. Im Laufe unseres weiteren Gesprächs gibt mir der Anblick Sicherheit. Anna, in einem Sessel sitzend, mit ihrem getöpferten, großen Teebecher, an dem sie sich manchmal festzuhalten scheint, wenn die Gefühle zu intensiv werden und Hans, auf einem Stuhl neben ihr, aufrecht und zugewandt. Im Hintergrund sehe ich Fotos von ihren Kindern, so, als ob sie das Gespräch begleiten. Die Familie wirkt dadurch vollständig, obwohl einer für immer fehlt.

Ich sehe in zwei freundliche, offene Gesichter, wir sprechen uns sofort mit den Vornamen an. „Wir sind beide Sozialarbeiter", sagt Anna. Ich bin überrascht über diesen Gesprächseinstieg, es hat so gar nichts mit unserem Thema zu tun, erklärt sich aber im Laufe der Zeit. Sie haben einen besonderen Blick auf das Leben und das Sterben ihres Sohnes. Ich habe keine genaue Vorstellung von unserem Gespräch und bitte sie, einfach zu erzählen. Wie es ihnen geht, als Paar und als Eltern, denn neben Simon gibt es noch die gemeinsame Tochter Lynn.

In diesem ersten Gespräch gucke ich in zwei Gesichter, in denen der Schmerz über den Verlust so präsent ist, als ob es gerade erst passiert wäre. „Es", das Unvorstellbare, das, was im Allgemeinen als „das Schlimmste, was einem Menschen passieren kann" tituliert wird, der Tod des eigenen Kindes.

Ich weiß, wie es sich anfühlt, nahestehende Menschen zu verlieren. Freunde, Familienmitglieder und Bekannte sind gestorben. Einige Verluste sind bis heute sehr schmerzhaft, auch wenn sie zum Teil bereits Jahre zurückliegen. Mir wird bereits in den ersten Minuten deutlich, dass Anna und Hans einen ganz anderen Weg mit ihrer Trauer gehen, als ich ihn kenne.

„Für mich gehören Trauer und Liebe zusammen!"

Das ist eine der ersten Aussagen von Hans und ich erfahre, dass er kurz nach Simons Tod die Weiterbildung als Hospizbegleiter absolviert und als sehr wertvoll wahrgenommen hat. Sowohl die Ausbildung als auch seine eigenen Erfahrungen mit Verlust haben ihn gestärkt.

Es gibt kein Geplänkel mit den beiden, jeder Satz ist emotional und weit entfernt davon, oberflächlich zu sein. Ich bin Zeugin ihres Miteinanders als Paar und als Eltern. Eine große Herausforderung, mit meinen Fragen und meinem Interesse nicht übergriffig zu wirken.

Ich möchte etwas über ihre Trauer erfahren, über das, was ihnen geholfen hat, was sie sich gewünscht hätten – und das, was nicht gut tat.

In meiner Tätigkeit als Sterbebegleiterin endet meine Aufgabe mit dem Tod des Menschen, den ich in seiner letzten Lebensphase begleiten durfte, bei Erlebnissen mit dem Wünschewagen mit dem Ende der Fahrt. Manchmal gibt es noch einen kurzen Kontakt, eine Karte an die Angehörigen oder die Nachricht, dass ein Fahrgast verstorben ist. In der Hospizbewegung gibt es extra ausgebildete Ehrenamtliche, die in der Trauerbegleitung tätig sind und ich merke, wie wenig vertraut mir das Thema ist.

Anna und Hans machen es mir leicht, wir sprechen über die Verluste, die es in unseren Leben bereits gab. Wie sich der

Abschied von einem Menschen anfühlt, der auf ein langes Leben zurückblicken kann. Wie die Mutter von Hans, die beschließt zu sterben, Essen und Trinken einstellt und mit 94 Jahren stirbt. Wie anders es ist, wenn es eine Diagnose beim eigenen Sohn gibt.

Anna weiß, wovon sie spricht, wenn es um Krebs geht. Sie war selbst erkrankt, 2007 gab es die Diagnose Plattenepithelkarzinom im Rachen, 4. Stadium. Nach einer kurzen, intensiven Behandlung gilt sie bis heute als geheilt. Mit dieser Erfahrung „Krebs ist echt ätzend – aber heilbar" sind sie die Erkrankung von Simon angegangen.

Sie sprechen abwechselnd, nehmen mich mit in ihr Familienleben, ihr Kennenlernen und die Zeit nach der Diagnose. Es berührt mich, sie weinen zu sehen und ich habe kurzfristig ein schlechtes Gewissen. Durch die teilweise sehr persönlichen Fragen, die ich ihnen stelle, wühle ich vieles wieder auf, erinnere an Situationen und den Verlust, den sie erlebt haben. In der allgemeinen Vorstellung hat der Schmerz nach dem ersten Jahr etwas von seiner Dramatik verloren, spätestens nach dem „Trauerjahr" wird häufig von Hinterbliebenen Normalität erwartet.

Anne und Hans haben ihre Rituale entwickelt. Zu Simons erstem Geburtstag nach seinem Tod kamen einige Freunde, sie sind zum Friedhof gefahren und haben gemeinsam getrauert. Jemand hat Gitarre gespielt, es wurden Lieder gesungen, die er liebte und die an ihn erinnerten. Sie haben gemeinsam mit ihrer Tochter Lynn neue Traditionen entwickelt, wie die, Weihnachten in einem Hotel und nicht zu Hause zu verbringen. Es wäre zu schmerzhaft, in der vertrauten Umgebung zu sein, ohne ihn.

Der erste Jahreswechsel, ohne Simons Anruf um Mitternacht, der den Eltern ein glückliches, neues Jahr wünscht. Sie schildern das erste Jahr nach Simons Tod als „grausam". Der Wunsch, sowohl dem verstorbenen, als auch dem lebenden Teil der Familie gerecht zu werden, stellte alle vor eine Herausforderung. Sie leben ihre Trauer, am Todestag stellen sie im Haus Kerzen und Blumen auf, besonders an den Stellen, die sie besonders an Simon erinnern. Im Flur, in dem er fiel und nie wieder selbständig aufstehen konnte, im Zimmer, in dem er starb. Sie trauern zusammen, teilen Erinnerungen und Gebete.

Die Intensität der Trauer, die über den Bildschirm spürbar ist, ist sehr ausgeprägt. Mir wird klar, meine Annahme, nach dem ersten Jahr wird es leichter, ist zwar schön, aber total falsch.

Anna beschreibt ihr Gefühl der Trauer ohne Zurückhaltung. Sie schildert den Schmerz, der in der ersten Zeit überwältigend war. Wie er sich verändert hat. So wie ein spitzer Stein, der in der Hosentasche getragen wird und immer spürbar ist. Dass die spitzen Ecken mit der Zeit etwas abflachen, der Schmerz etwas weniger heftig wird. Bis er durch eine Frage, eine plötzliche Erinnerung oder etwas Unvorhergesehenes wieder ganz präsent ist. Ich verstehe, wenn sie sagt: „Es reicht, dass jemand fragt, wie viele Kinder ich habe. Das ist

so, als ob man einen Spaziergang am Meer macht und plötzlich kommt eine große Welle und erfasst einen mit voller
Wucht."

Schweigen ist manchmal schwer aushaltbar. Besonders,
wenn man sich nur über einen Bildschirm sieht. Mit Anna
und Hans ist es nicht unangenehm, sondern fühlt sich fast
vertraut an.

„Simon hatte als Jugendlicher mal Migräne, sehr unangenehm, aber nichts, worüber wir uns große Gedanken
gemacht hätten. Diese Krankheit passte ein bisschen zu ihm
als Person, er war sehr tiefgründig und hat sich mit Vielem
auseinandergesetzt. Er war sehr bewusst im Umgang, auch
mit sich und seinem Körper, er hat sehr gesund gelebt. Er
konnte tiefen Anteil am Gegenüber nehmen, mit Respekt
und Ernsthaftigkeit, aber es gab auch eine fröhliche Seite.
Er feierte und tanzte gerne, brachte Freude in Gruppen und
Feste." Anna ist Amerikanerin, ab und zu sagt sie etwas auf
Englisch. „He was the life of a party!"

Ich bekomme ein Bild von ihm, dem jungen Mann, den
bereits meine Freundin als „Sonnenschein" und „Bereiche-
rung" beschrieben hat. Die Schilderungen von Hans und
Anna, als stolze Eltern, wirken nicht übertrieben.

Simon, der bereits als Jugendlicher Austauschschüler in
Amerika war, sportlich, attraktiv und beliebt. Es klingt wie
die Beschreibung aus einer Teenie-Serie und das Foto, das
ich von ihm sehe, passt dazu. Es gibt diese Menschen, die

einen Raum mit ihrer Anwesenheit schöner und heller machen. Simon scheint so ein Mensch gewesen zu sein und ich bedaure, dass ich ihn nie persönlich kennengelernt habe. „Man fühlte sich automatisch wohl bei ihm, er war wie ein Magnet, hatte eine Vision und eine natürliche Autorität. Er war wie ein großer Bruder, dem man gerne zuhört und bei dem man Rat sucht." Mit diesen Worten beschreibt Mascha, was sie an Simon mochte.

Meine Gedanken sind kurz bei Lynn, seiner fünf Jahre älteren Schwester. Wie ist es ihr damit gegangen, einen Bruder zu haben, dem die Herzen offensichtlich zugeflogen sind? Ich habe häufig erlebt, dass Verstorbene glorifiziert wurden, das ist normal und menschlich. In Simons Fall war das vermutlich gar nicht nötig, weil er jemand war, der scheinbar unter einem Glücksstern geboren wurde. „Ich wusste immer, dass aus ihm noch etwas ganz Großes wird, man hat einfach gespürt, dass er für Größeres bestimmt ist", schrieb Mascha. Bis zu dem Tag im April, an dem die Diagnose „gemischter Keimzellentumor" gestellt wurde und Begriffe wie „hohe Entzündungswerte", „Raumforderung im Oberkörper" oder „Tumor zwischen Herz und Lunge" zum Alltag gehörten.

„Mit der Erfahrung meiner eigenen Krebserkrankung hatte ich das Gefühl, Simon besonders nahe sein zu können. Es war etwas, was uns verbunden hat. Es war ein besonderes Verhältnis zwischen uns, auch wenn er viel unterwegs war, als Austauschschüler oder später während des Studiums. Wir waren uns fast immer sehr nahe. Zum Zeitpunkt der Diagnose hat er in Hamburg gelebt und gearbeitet. Wir standen eng im Kontakt, haben viel miteinander gesprochen und ich war mir sehr sicher, dass wir das gemeinsam gut überstehen würden. Die Diagnose war zwar ein Schock, aber die Prognose hat uns zuversichtlich gestimmt. Die Heilungschancen waren gut – wer sollte es schaffen, wenn nicht Simon? Er hatte einen unglaublichen Überlebenswillen, absolut unvorstellbar, dass er nicht wieder gesund werden sollte. Ich erinnere mich an unsere Gespräche über die OP, an die extrem starke Chemotherapie, Nebenwirkungen und wie es weitergehen kann. Es gab in unserer Wahrnehmung gar keine Alternative dazu, dass er nach der Behandlung geheilt wäre." Während Anna mit klarer Stimme über die Anfangszeit der Behandlung spricht, ist Hans der Schmerz anzusehen. Sein Gesicht ist angespannt, seine Augen voller Trauer, als sie über die Enttäuschung sprechen, dass die so sehr ersehnte Heilung für Simon nicht eingetreten ist. Ich kann mir vorstellen, wie groß die Hoffnung und wie stark der Zusammenhalt als Familie war.

Hans und Anna waren zu diesem Zeitpunkt beide krank. Ein sehr ansteckendes Bakterium, nicht gefährlich, aber unmöglich, so ihren kranken Sohn zu besuchen. Lynn, seine Schwester hat alles stehen und liegen lassen, ist 500 Kilometer zu ihm gefahren und war an seiner Seite. Voller Respekt und Anerkennung sprechen sie als Eltern über ihre Kinder, den kranken Sohn und die Tochter, die in dieser Zeit so wertvoll für ihren Bruder war. Sie war bei Gesprächen mit den Ärzten dabei, wann immer es ging, hat im Internet nach Behandlungsformen gesucht und ihr eigenes Leben zu dieser Zeit zurückgestellt, auch als Hans die meiste Zeit bei Simon war.

„Für mich war sofort klar, dass ich bei ihm sein möchte", sagt Hans. „Ich bin nach Rücksprache mit seinen Mitbewohnern in seine WG gezogen, ich wollte ihn in seinen Erholungsphasen nach den Chemotherapiezyklen unterstützen, für ihn kochen und ihn zu Untersuchungen und Arztterminen begleiten. Ich wollte ihm in dieser Zeit zur Seite stehen und für ihn sorgen. Zu dieser Zeit war ich schon in der Alterszeitregelung, das war sehr gut."

Anna erwähnte, dass sie Schmerzpatientin und im Alltag auf die Hilfe und Unterstützung von Hans angewiesen ist. Ich frage mich – und später die beiden, wie sie das erlebt haben. Auf der einen Seite die Nähe, die Hans zu Simon hatte. Die (räumliche) Distanz, die dadurch zu Anna entstanden ist. Ich frage Anna, wie es ihr ging, mit dem Wissen, dass ihr Sohn schwerkrank ist und sowohl er als auch ihr Mann fast unerreichbar sind. Ich habe den Eindruck, dass sie mit sich und den damaligen Entscheidungen im Reinen ist.

„Es war eine sehr schwierige Zeit, keine Frage. Besonders, da hier vor dem Haus eine Baustelle entstand, die mich fast vier Monate daran gehindert hat, mit dem Auto zu fahren. Hier wurden Rohre verlegt, die gesamte Straße aufgebuddelt und ich war fast wie im Gefängnis.

Trotzdem hatte ich nicht das Gefühl, dass ich etwas anders hätte machen sollen oder müssen. Es war gut so, wie es war. Ich habe es viel eher als eine Art Zeichen gesehen, nicht nur der Sohn ist zerbrochen, auch das Haus, unser Zuhause, wurde erschüttert."

Manchmal erkenne ich die Sozialarbeiter, von denen Anna am Anfang des Gesprächs gesprochen hat. Sie haben den Mut zur Auseinandersetzung, miteinander – und mit mir.

Hans hat aufmerksam zugehört, als Anna ihre Eindrücke geschildert hat.

„Ja, es war schwierig, hier meine körperlich eingeschränkte Frau, die auf Hilfe angewiesen war, dort der schwer erkrankte Sohn, der eine kontinuierliche Unterstützung benötigte. Damals, als Anna schwer an Krebs erkrankt war, konnte ich ihr die gesamte Zeit zur Seite stehen. Dank der Unterstützung meiner damaligen Kollegen konnte ich mich acht Monate freistellen lassen. Während dieser Zeit wurde sie gesund – und wir gingen alle davon aus, dass das bei Simon auch so sein würde. Wir waren voller Mut und Hoffnung. Dieser kräftige, sportliche, junge Erwachsene – gemeinsam mit meiner Unterstützung und der besonders guten medizinischen Versorgung, die er in Hamburg erhalten würde, wir waren ganz sicher, dass er die Krankheit gut überstehen würde.

Es sind insgesamt fast sieben Monate geworden, die ich in Hamburg war. Mit allen Herausforderungen, die die Situation mit sich gebracht hat, natürlich war ich in der WG mit Abstand der Älteste. Die anderen haben studiert oder gearbeitet, ich habe versucht, meinen, unseren Sohn durch eine schwere Krankheit zu begleiten."

Nach unserem Gespräch bin ich müde und erschöpft. Die Auseinandersetzung ist intensiv und für uns alle anstrengend.

„Die Zeit von der Diagnose bis zum Tod war kurz, zehn Monate. Im April haben wir das erste Mal davon erfahren, damals noch mit der Aussicht, dass alles gut werden wird. Im November war davon keine Rede mehr, da gab es tatsächlich die Aussage, dass er unheilbar krank sei und die Ärzte nichts mehr für ihn tun können."

Kann es genug Zeit geben, um zu verstehen, was passieren wird?

„Simon wollte nicht, dass wir weinen. Als er im Krankenhaus lag, bin ich auf die Toilette gegangen, um einen Platz für meine Gefühle zu haben. Ich wollte es ihm nicht noch schwerer machen in dieser Situation", sagt Hans. Später im Gespräch wird mir klar, wie schwierig das für ihn gewesen sein muss. Er, der in einem Kinderheim aufgewachsen ist, wo Weinen als nicht angemessen angesehen wurde. Weil es an die eigene Einsamkeit und den Schmerz erinnerte, dass man nicht zu Hause bei seiner Familie sein durfte. Mit Anne und den Kindern hat er diese Familie. Und jetzt stirbt ein Teil davon.

„Es gab in Simons kurzem Leben so viel Besonderes, er war z. B. immer schon offen für Spiritualität. Da ich Jüdin bin, sind unsere Kinder automatisch auch jüdisch, das wird mit der Geburt durch die Mutter vererbt. Simon hat sich sehr mit dem Thema „Glauben" auseinandergesetzt, er wollte als Jugendlicher eine Bar Mizwah, im weitesten Sinn so etwas wie eine Konfirmation. Es war die erste Feier dieser Art, die seit dem zweiten Weltkrieg in der damaligen Synagoge unserer jüdischen Gemeinde stattfand, so was war für ihn möglich. Er hat auch im Krankenhaus die jüdischen Festtage zelebriert." Immer wieder wird deutlich, wie eigenständig Simons Entscheidungen waren.

„Die Zeit ist an uns vorbeigerauscht, auf einmal war klar, dass es nur noch wenig gemeinsame Momente geben wird. Die Ansagen und Anzeichen waren deutlich, es war nur die Frage, ob es sich um Tage oder Wochen handeln wird. Es war unser gemeinsamer Wunsch, dass er in dieser schweren Zeit wieder nach Hause kommt."

Sie schildern den Schmerz und die Ohnmacht, dem Sterben des Sohnes hilflos gegenüberzustehen. Simons Lebenswillen, seiner Aussage, noch zwölf Stunden, bevor er starb: „Ich habe vor, weiterzuleben, ich habe nur den Schalter noch nicht gefunden!" Die Erkenntnis, dass er diesen Schalter auch nicht mehr finden wird und stirbt.

Hans und Anna sind ganz unterschiedlich mit dem Wissen um den nahenden Tod ihres Sohnes umgegangen. Anna hat sich schlafen gelegt und darum gebeten, geweckt zu werden, wenn der Tod unmittelbar bevorstand. Sie wollte bei ihm sein, wenn er seinen letzten Atemzug nimmt.

„Als Simon tatsächlich gestorben war, bin ich eine halbe Stunde bei ihm am Bett geblieben. Danach habe ich mich wieder schlafen gelegt. Für mich war diese Flucht in den Schlaf die einzige Möglichkeit, die ich in dem Moment für mich gesehen habe. Die Tatsache, dass Simon nicht mehr lebt, war so überwältigend, dass das für mich die einzige Möglichkeit war, damit umgehen zu können."

Sie sind bis zum nächsten Morgen bei ihm geblieben, seine Schwester, die damalige Freundin und Hans: „Der Moment seines Sterbens hatte etwas ganz Heiliges. Es war wahrnehmbar, dass er nur die Ebenen wechselt."

Ich möchte wissen, was sie als hilfreich wahrgenommen haben. In dieser ersten Zeit, in der es unvorstellbar erscheint, dass das Gefühl der Trauer und Ohnmacht sich jemals ändern wird. Es waren praktische Dinge, die geholfen haben, die ersten Tage zu überleben. Essen, das von Nachbarn gebracht wurde. Das Angebot, zuzuhören, wenn der Schmerz nicht aushaltbar schien. Auch hier sind die Wahrnehmungen unterschiedlich.

„Ich habe mich mit der Traurigkeit angefreundet. Das war so wie mit den Niagara-Fällen. Völlig sinnlos, dagegen anzukämpfen. Ganz im Gegenteil, ich fühle mich über diese Traurigkeit tief mit Simon verbunden", sagt Hans.

Die Trauer und das Umgehen damit sind so individuell wie die beiden als Personen. Ich erlebe Anna als kraftvoll, in ihrer Trauer zeigt sich auch immer wieder etwas wie Wut und Unverständnis. „Als Simon gestorben ist, hat er ganz vielen Menschen gefehlt. Er war immer in unserer Mitte, er war mein Ansprechpartner für viele Themen. Und plötzlich war er nicht mehr da! Am Anfang waren wir nur geschockt, da gab es noch gar keine Trauer. Es ist tatsächlich un-fassbar.

Ich hatte das Gefühl, dass die Information erst so langsam ins Bewusstsein sickert, alles andere hätten wir vermutlich gar nicht überstanden. Es hat uns geholfen, dass wir so viel zu tun hatten, es kamen Verwandte aus Israel und den USA. Wir haben Shiva gesessen, das ist ein jüdischer Brauch. Sieben Tage haben wir gemeinsam getrauert, es sind Freunde von Simon gekommen, was uns sehr viel bedeutet hat.

Diese Form der Begleitung war für uns als Eltern ein wundervolles Zeichen dafür, wie wichtig Simon auch seinen Freunden war, die teilweise sehr lange Wege auf sich genommen haben. Simon hat während seines Lebens schon viele Menschen zusammengebracht, nach seinem Tod ging es so weiter."

Es gab viel Aufregung in diesen ersten Tagen.

Der Freund, der den Facebook-Account von Simon in einen „Erinnerungs-Modus" versetzt hat – und dadurch kein Zugriff mehr möglich war.

Die Information, dass Simon eine Rede geschrieben hat, die auf seiner Beerdigung verlesen werden sollte – und die auf seinem PC nicht auffindbar war.

Sätze, die Verständnis signalisieren sollen, wie „Ich könnte ohne mein Kind gar nicht weiterleben", aber für Anna und Hans alles andere als hilfreich waren. „Was bedeutet das für trauernde Eltern? Dass wir uns das Leben nehmen sollen?" Ich verstehe, dass so vieles, was vermutlich gut gemeint ist, alles andere als gut verstanden wird in der Trauer. „Es tat und tut gar nicht gut zu hören, ‚Simon würde nicht wollen, dass du immer noch so traurig bist über seinen Tod.' Vielleicht möchte derjenige oder diejenige nur, dass ich endlich wieder so bin wie vor Simons Tod. Irgendwo habe ich gelesen, dass jemand dazu geantwortet hat: ‚Leider ist mein Kind aber immer noch tot.' Ich war leider nicht so schlagfertig. Aber es ist das, was ich empfinde."

Während unseres Gesprächs fließen viele Tränen.

Über diesen Verlust, der auch nach vier Jahren so unverständlich ist wie am ersten Tag. Über den Schmerz, nicht erleben zu dürfen, wie Simons Leben sich entwickelt hätte, beruflich und privat.

Die Trauer über ein verstorbenes Kind besteht aus vielen „Jetzt wäre …" oder „Jetzt hätte …". Neben der Freude und Dankbarkeit über die gemeinsame Zeit wächst auch das Gefühl, betrogen worden zu sein, um das, was andere erleben dürfen.

Vielleicht ist das der Grund, dass wir so intensiv über Simons Beisetzung sprechen. „Es kamen 250 Menschen aus Deutschland, Israel, USA und eine Rabbinerin aus England. Es war etwas ganz Besonderes, so wie der Grabstein, den wir gemeinsam mit Lynn geplant haben." Vier Wochen nach der Beisetzung hat die Familie noch einmal ein großes Fest anlässlich Simons Leben gefeiert. Es fühlt sich harmonisch an, als sie davon berichten.

Anna lebt ihre Trauer sehr offen. Sie verschenkt Fotobücher mit Bildern aus Simons letztem Lebensjahr; ein Zimmer in ihrem Haus ist für beide ein Ort der Erinnerung. Es ist schwierig für beide als Paar, ihre Unterschiedlichkeit zu akzeptieren. Hans findet Trost in einer Serie. „Die Wege des Herren" ist ein wichtiger Halt für ihn in dieser Zeit. „Ich halte das nicht aus, diese Serie, das macht mich wahnsinnig", sagt Anna, später lässt auch sie sich darauf ein. Sie finden auf diese Weise etwas Kleines, Gemeinsames.

Sie haben sich Hilfe gesucht, eine Trauerberaterin, die besonders in der Anfangsphase unbeschreiblich hilfreich war. Die gezeigt hat, dass es ein Weiterleben geben kann. Anders, nie wieder so, wie es war, mit einer anderen Normalität, aber lebenswert. Auch jetzt, vier Jahre nach Simons Tod, ist die Begleiterin eine wichtige Stütze.

Hans wirkt demütig: „Ich habe das Geschenk, Simon als Sohn haben zu dürfen, erst nach seinem Tod ganz erfasst. Das war so, als ob Farben ganz rein sind, wenn man ein Wäschestück aus der Waschmaschine genommen hat. Er beschreibt das Gefühl des Glücks, das neben der Trauer seinen Platz hat und für ihn haben darf.

Wir müssen alle ein bisschen lachen, als Anna sagt: „Jetzt erfahre ich endlich mal, was mein Mann so denkt!"

Die Rede für seine Beerdigung hat Simon einige Monate vor seinem Tod geschrieben. Ich durfte sie lesen und sie hat mich sehr bewegt. „God put me on earth for a reason."

Und Anna, die auf den Satz „Gott wollte Simon bei sich haben …" mit einem für sie typisch direkten „Aber Simon wollte noch nicht zu Gott!" antwortete, wird in diesem Moment weich. „Wahrscheinlich hatte er seine Aufgabe hier auf der Erde erfüllt."

Nach den Gesprächen mit Anna und Hans habe ich noch einmal mit meiner Freundin Mascha gesprochen. Ob sich durch Simons Krankheit und Tod etwas für sie verändert hat, wie sie und andere nahestehende Menschen aus seinem Freundeskreis mit dem Verlust und der Trauer umgegangen sind.

„Simon war immer sehr optimistisch und wollte unbedingt weiterleben. Gleichzeitig war er auch sehr ehrlich und transparent damit, wie es um ihn steht. Er wollte nicht, dass wir um ihn trauern, sondern das Leben feiern, deswegen gab es auch tatsächlich die Lebensfeier nach seinem Tod. Dass er die Rede für seine Beerdigung selbst geschrieben hat, hat mich sehr beeindruckt!

Zur Trauer: Ich fand seinen Tod sehr ungerecht – warum ausgerechnet er, wo er doch so gebraucht wurde und noch so viel hätte bewegen können. Er hat uns allen, seinen Freunden, bis zum Schluss Kraft gegeben, mit der Situation umzugehen. Ich bin manchmal immer noch „wütend", dass er nicht mehr da ist. Aber inzwischen stelle ich mir vor, dass er sein Licht und seine Energie auf uns aufgeteilt hat, damit wir in unseren Projekten erfolgreich werden und damit die Welt ein bisschen besser machen.

Ich habe durch seinen Tod einen anderen Zugang zum Leben und zum Tod, ich verdränge den Tod nicht mehr und versuche, viel bewusster zu leben."

Siehst du, Anna, auch nach seinem Tod berührt Simon noch viele Menschen!

Eine neue Dimension der Endgültigkeit

„Ich arbeite in der Verwaltung, da werden jeden Tag die aktuellen Corona-Zahlen auf der Homepage veröffentlicht. Wie viele Neu-Infektionen gibt es, wie hoch ist die Inzidenz, wie viele Personen sind verstorben? Und plötzlich war mein Papa einer davon. Einer, der zu diesem Zeitpunkt 175 Corona-Toten bei uns im Kreis."

Amys Vater ist vor 11 Wochen verstorben, als wir miteinander sprechen.

Sie wirkt kontrolliert und erinnert jedes Detail der letzten Monate. Im Laufe unseres Gesprächs wird deutlich, wie nahe und innig das Verhältnis von Amy und Romy, ihrer Schwester, mit ihren Eltern war bzw. ist.

„Wir waren die Leute, die von anderen als übervorsichtig angesehen wurden. Die, die schon bei der ersten Erwähnung von Corona mit FFP2-Masken rumgelaufen sind, alles desinfiziert und Abstand gehalten haben. Ich weiß nicht, wie oft uns vorgeworfen wurde, es zu übertreiben mit den Vorsichtsmaßnahmen. Besonders meine Schwester hat unglaublich darauf geachtet. Papa war 64 und hatte kleinere Vorerkrankungen, aber wir haben uns viel größere Sorgen um Mama gemacht, da sie deutlich mehr vorbelastet war durch ihre Erkrankungen. Dass sich tatsächlich jemand aus unserer Familie ansteckt? Unvorstellbar bei unserer Vorsicht."

Es gab in den letzten Monaten viele Situationen, in denen ich unvorsichtiger als Amy war, immer den Gedanken „Es wird schon nichts passieren!" im Hinterkopf. Ihre Aussage „Ich weiß nicht, wie man damit leben kann, wenn man jemanden angesteckt hat!" macht mich nachdenklich. Vermutlich würde ich es nie erfahren, wenn ich, quasi aus Versehen, im Vorbeigehen, einen Menschen angesteckt hätte. Es ist das erste Mal, dass ich mit jemandem im Kontakt bin, der persönlich betroffen ist. Amy ist niemand aus der diffusen Menge, von der seit Monaten in den Medien berichtet wird.

„Papa hatte eine Erkältung, es fing ganz undramatisch an, Husten und Schnupfen, nichts Wildes. Meine Eltern haben dann direkt einen Corona-Test gemacht, ohne wirklich mit einem positiven Ergebnis zu rechnen. Als klar war, dass beide tatsächlich Corona haben, waren wir total geschockt, haben uns aber sofort mit der Situation arrangiert. Es gab gar keinen persönlichen Kontakt mehr zwischen meinen Eltern, meiner Schwester und mir, wir haben die Einkäufe und vorgekochtes Essen vor der Tür abgelegt und uns nur mit sehr viel Abstand gesehen. Extrem vorsichtig und mit der Hoffnung, dass beide wieder gesund werden. Aber auf einmal ging alles ganz schnell, innerhalb von ein paar Tagen ging es Papa sehr schlecht und er musste ins Krankenhaus."

Als wir miteinander sprechen, ist das Thema „Corona" seit Monaten präsent. Es vergeht kein Tag, an dem nicht von Regelungen oder Verordnungen in den Nachrichten gesprochen wird. Jetzt, in diesem Gespräch wird mir deutlich, wie abstrakt diese Zahlen sind, wenn sie nicht mit einer persönlichen Erfahrung verknüpft sind. Auch in meinem Umfeld gibt es Menschen, die erkrankt waren und davon erzählt haben, dass es ihnen sehr schlecht ging, aber niemand, den ich kenne, musste ins Krankenhaus.

„Papa lag im Krankenhaus und wir konnten ihn nicht besuchen. Es war surreal, er war immer derjenige, der sich um alle und alles gekümmert hat. Für uns als Familie war er der Versorger, er hat es geliebt, sich um uns zu kümmern. Alles war digitalisiert, und während er schwerkrank auf der Corona-Intensivstation lag, kam eine automatisierte Nachricht auf das Handy: ‚Bitte Hähnchen aufessen, die laufen in drei Wochen ab!' Das war ganz typisch für ihn, so was kann man sich nicht ausdenken." Amy lächelt, während sie davon spricht, wie liebevoll ihr Vater war. Bei der Erinnerung an die Zeit danach wird sie ernst.

„Wir haben nur funktioniert in dieser Zeit. Die Aufklärung über die weitere Vorgehensweise, die Behandlungsmethoden und wie schlimm es tatsächlich ist, das haben wir alles am Telefon erfahren. Besuche waren zu dem Zeitpunkt gar nicht möglich. Es war eine junge Assistenzärztin, die uns die Nachrichten überbracht hat.

Total schlimm war, dass wir Mama nicht persönlich beistehen konnten. Sie war mit Corona infiziert alleine zu Hause und wir hatten große Angst um sie. Ich habe draußen am Fenster gestanden und ihr beim Essen zugesehen, damit sie nicht so das Gefühl hatte, allein zu sein. Für Papa konnten wir wenig tun, wir haben versucht zu telefonieren, mit Bild, aber das ging gar nicht, weil er nicht sprechen konnte. Er hat ja auch immer die Sauerstoffmaske auf dem Gesicht gehabt."

Amy weint, während sie spricht. Jede Situation scheint präsent zu sein, jeder Moment der Hoffnung, jede Enttäuschung.

„Wir hatten uns das ganz anders vorgestellt, wir haben gesagt: ‚Jetzt ist für uns und unsere Eltern die Zeit für Reisen und schöne Sachen, nicht zum Sterben.'"

In vielen ihrer Sätze wird deutlich, wie nahe sich die Familienmitglieder sind.

„Irgendwann bekam ich einen Anruf mitten in der Nacht. Wir waren jedes Mal angespannt, wenn das Telefon klingelte, immer mit der Angst im Kopf, dass es jemand aus dem Krankenhaus sein könnte, dass es schlechte Nachrichten gibt. So war es auch. Unbekannte Nummer, eine freundliche, sachliche Stimme. Papa würde die Beatmungsmaske nicht mehr tolerieren, sie müssten über die Möglichkeit der Intubation sprechen. Papa wollte nicht, dass wir informiert werden. Ich bin sehr dankbar, dass wir angerufen wurden, das hat uns die Chance gegeben, nicht völlig überrascht zu werden von der Entwicklung."

„Wir fuhren noch in der Nacht zu ihm. Da wir Mama nicht erreichten – sie legt vor dem Schlafengehen ihre Hörgeräte ab – fuhr meine Schwester mit ihrem Mann zu ihr und klingelte Sturm. Ich fuhr schon mal ins Krankenhaus. Letztendlich schafften sie es noch, Mama rechtzeitig zu bringen. Es durften nicht mehr als zwei Personen zu Papa ans Bett, meine Schwester und ihr Mann haben draußen gewartet. Meine Mama war zu dem Zeitpunkt schon wieder gesund und war negativ getestet.

Papa war groß, wie eine Eiche, aber so, wie er da lag, sah er winzig aus. Ich habe noch einen Scherz gemacht, so viele junge Frauen um sein Bett, nur für ihn. Papa hat dann gefragt: ‚Seid ihr hier, um euch zu verabschieden?' Für ihn war es unglaublich wichtig, Mama zu sehen – und sich davon überzeugen zu können, dass es ihr wieder gut geht! Er hatte Angst einzuschlafen und wir wollten ihn nicht allein lassen. Wir durften ihm nicht nahekommen, konnten ihn nicht berühren, umarmen oder küssen. Ich habe ihm Kusshände zugeworfen.

Alles, was wir tun konnten, war zu hoffen. Aber es hat nicht gereicht. Zu dem Zeitpunkt waren die Ärzte noch voller Hoffnung, sie wollten nicht, dass meine Schwester auch noch zu ihm geht, es hätte zu sehr nach Abschied ausgesehen, und sie wollten kein falsches Gefühl übermitteln und ihn weiter motivieren. Rückblickend ein Fehler. Es war die letzte Chance für meine Schwester, unseren Vater zu sehen. Daran wird sie ihr ganzes Leben zu knacken haben, da sie sich immer durchsetzt und ihrem Gefühl folgt – aber in diesem Moment vertraute sie den Ärzten."

Ich versuche mir vorzustellen, wie es Romy damit geht. Dass sie sich zu diesem Zeitpunkt nicht verabschieden konnte, diesen letzten, bewussten Moment des Abschieds nicht mit ihrer Familie erlebt hat, ihrem Vater keine letzten Worte sagen durfte.

Nach diesem letzten Besuch ging alles sehr schnell. Zusätzlich zu der Covid-Erkrankung gab es einen bakteriellen Infekt, eine Sepsis – und eine dramatische Verschlechterung der Situation. Entscheidungen, die innerhalb kürzester Zeit getroffen werden mussten, Intubation, Bauchlagerung, eine kurze Verbesserung – und direkt danach die Nachricht, dass es keine Hoffnung mehr gibt.

Amys Mutter leidet ganz besonders. Sie, mit schweren Vorerkrankungen, war diejenige, auf die alle aufgepasst haben. Jetzt liegt ihr Mann im Sterben, die Frage „Hätte ich eher gehen sollen?" beschäftigt sie. Die Betreuung des Klinikpersonals ist liebevoll und zugewandt, auch, als die Entscheidung getroffen werden muss, dass die lebenserhaltenden Maschinen abgestellt werden sollen. „Wir haben die persönlichen Dinge von Papa einen Tag vorher bekommen, Ehering, Handy, diese Sachen. Sie wurden uns in einer Mülltüte überreicht, das fand ich schwer erträglich, ich habe es gleich rausgenommen und ordentlich in eine Tasche gepackt." Erst später wird mir deutlich, warum diese Tatsache Amy so sehr beschäftigt.

In vielen Gesprächen haben mir Hinterbliebene berichtet, dass ihre Trauer bereits mit dem Abschiednehmen begonnen hat. Je intensiver es möglich war, das Sterben und die erste Zeit danach zu begleiten, umso besser konnten sie mit dem

Verlust umgehen. Für Amy und ihre Familie blieb es schwierig. „Ein wenig zur Ruhe kommen konnten wir nicht, zwei Tage vor der Beerdigung gab es großes Chaos: Wir haben dem Bestatter Kleidung und persönliche Dinge gebracht, die wir Papa mitgeben wollten.

Erst hieß es, dass das nicht geht, der Sarg wäre versiegelt. Papa war ja Covid erkrankt und sollte in einem Body-Bag beigesetzt werden, obwohl er die letzten zwei Wochen im Krankenhaus bereits negativ getestet war. Der Oberarzt hatte uns daher versichert, dass wir die Bestattung nach unseren Wünschen organisieren können. Aber irgendjemand hatte einen Fehler gemacht. Wir sind fast durchgedreht, Papa ist erstickt und soll jetzt in so was wie einer Mülltüte im Sarg liegen? Das hat uns komplett den Boden unter den Füßen weggezogen. Romy hat alles in Bewegung gesetzt, damit er doch würdevoll bestattet werden konnte, d. h. in seinen eigenen Sachen. Das hat sie einen Tag gekostet, viele Anrufe und viel Kraft. Letztendlich ist ihr Mann nochmal ins Krankenhaus gefahren und hat dort vom Oberarzt eine schriftliche Bestätigung bekommen, dass Papa negativ auf Corona getestet ist.

Das Thema Beerdigung war völlig ungeklärt, wir wussten nicht, wie Papa sich das gewünscht hätte. Wir haben uns bewusst dazu entschieden, die Beisetzung nur mit acht Personen stattfinden zu lassen. Wenn man einen Menschen an den Virus verliert, versucht man alles, um sich und Familie und Freunde noch stärker zu schützen. Wir hatten einen Trauerredner und Musik, die uns viel bedeutet hat. Es war

sehr bewegend, bis zu dem Augenblick, als einer der Sarg-
träger auf die Schleife getrampelt ist, die in Mamas großem
Kranz mit roten Rosen für Papa steckte. ‚In ewiger Liebe'
stand drauf, Mama ist in dem Moment sehr zusammenge-
zuckt. Ich habe sie dann wieder angebracht."

Die Reaktionen von Freunden und Bekannten auf den Tod
des Vaters waren sehr unterschiedlich. „Die Leute sind
maximal geschockt, das ist mir schon klar. Aber Fragen wie
‚Hast du ihn angesteckt?' bringen uns nicht voran, das klingt
wie ‚Hast du ihn umgebracht?'"

Es wird deutlich, dass es viel Stärke braucht in diesen
Momenten. Amy klingt organisiert und klar in ihrer Trauer.
Sie grenzt sich ab von Menschen, die nur von sich sprechen,
fühlt sich nicht verantwortlich, jede Frage nach der Erkrankung des Vaters zu beantworten. „Theoretisch ist mir klar,
dass die Menschen mit uns und unserer Trauer überfordert
sind. Vermutlich ist es diese Hilflosigkeit, die zu so seltsamen Situationen führt, wie mit einem Nachbarn, der mich
mit einem technischen Gerät hantieren sah. Er kam zu mir
und teilte mir ungefragt mit, dass er mir da jetzt auch nicht
helfen könnte. Zu dem Zeitpunkt war Papa erst ein paar
Tage tot, es hätte vieles gegeben, was ich in diesem Moment
gebraucht hätte, das gehörte nicht dazu."

Das, was Amy und ihre Familie in dieser ersten Zeit unter-
stützt, sind oft kleine und praktische Aktionen: „Es gab
auch vieles, was wir als sehr hilfreich empfunden haben.
Die Nachbarn, die kommentarlos den Rasen gemäht haben.

Bekannte, die eingekauft haben und uns damit Entscheidungen abgenommen haben, zu denen wir gar nicht fähig waren. Menschen, die uns Essen gebracht haben.

Die Freundin, die eine Torte mit Gummibärchen gebacken hat und auf alle Lebensmittelunverträglichkeiten in der Familie geachtet hat, indem sie einen Zettel mit den verwendeten Zutaten dazu gelegt hat."

Die Familie hat sich verändert. Die Angst, als die Mutter wegen einer Routinebehandlung ins Krankenhaus musste, war irrational. Die Erfahrung „Krankenhaus = Papa tot" ist stärker als jeder logische Gedanke. Romy, die „Corona-Beauftragte" der Familie, hadert mit der Situation, dem Gefühl, den Tod des Vaters nicht verhindert zu haben. Ihre Hände sind blutig, weil sie sie ständig wäscht und desinfiziert, Lebensmittel berührt sie nur mit einer Zange. Die Unsicherheit, nicht zu wissen, wo und wann der Vater sich angesteckt hat, verunsichert. Vermutlich war es ein Zufall, eine schicksalhafte Begegnung beim Einkaufen, ein Moment der Nachlässigkeit in Bezug auf Abstand und Maske.

Amys Ziele sind klein. Einatmen, Ausatmen, den Tag überstehen. Einen nach dem anderen. Es klingt, als ob es dafür einen Plan gibt, einzelne Punkte, die überwacht werden. Essen? Sauerstoff? Bewegung? Das, was kontrolliert werden kann, gibt Sicherheit. „Ich versuche, mir realistische Ziele zu setzen. Wenn es nicht funktioniert, ist das so. Mittlerweile gehe ich wieder einkaufen, abends um 20.00 Uhr, wenn möglichst wenige Menschen unterwegs sind. Wenn an einem Tag der größte Erfolg ist, das Wasser der Schnittblumen gewechselt zu haben, dann ist das ok. Ich versuche, lieb zu mir zu sein und mich nicht zu überfordern."

Wir sprechen mehrmals miteinander, über gute und nicht so gute Tage und immer wieder über die Trauer. Es ist noch nicht klar, wie dieser Weg ohne den Vater weitergehen wird. Immer wieder wird deutlich, wie sehr er der Familie fehlt, er, der sich um so vieles gekümmert hat. Einiges übernimmt jetzt Amy:

„Papa hatte ein Cabrio, das außer ihm niemand fahren durfte. Wenn der Wagen in die Werkstatt musste, hat er das Öl für den Ölwechsel immer selbst mitgenommen, das war günstiger. Und jetzt, jetzt habe ich das Motoröl bestellt. Ich möchte, dass Papa stolz auf uns wäre. Wenn ich ihm etwas sagen könnte, dann das: ‚Du brauchst keine Angst zu haben, dass wir nicht klarkommen, wir kommen klar. Wir wollen das nicht, aber wir kommen klar!'"

Und ich glaube ihr jedes Wort.

Drei Tage voller Liebe

Es ist ein warmer Tag, an dem ich zu Lilly und Manuel fahre. Wir haben den Termin mehrmals verschoben, heute soll es klappen.

Ich habe vorher meine Mutter und meine Tochter getroffen, wir haben es gut miteinander gehabt, waren uns nahe und haben viel gelacht.

Auf der Fahrt bin ich unsicher, ob ich in dieser unbeschwerten Stimmung ein Gespräch über Trauer führen kann.

Die beiden sitzen auf einer Bank vor dem Haus, sie sehen mich nicht sofort und ich habe einen Moment, sie als Paar zu erleben, bevor sie mich wahrnehmen. Sie wirken innig miteinander. Wenn ich es nicht wüsste, hätte ich vermutet, dass sie sich gerade kennengelernt haben und frisch verliebt sind.

Manuel legt den Arm um Lillys Schulter, als sie vor mir ins Haus gehen. Er ist ein ganzes Stück größer als sie und in dem Moment wirkt es, als ob er sie vor allem Schlimmen beschützen möchte. Ich fühle mich sofort wohl, als ich an dem großen Küchentisch sitze.

Obwohl wir uns vor ein paar Minuten das erste Mal gesehen haben, ist das Schweigen nicht unangenehm. Die beiden wuseln, besorgen Kaffee und ich sehe mich um. Das Haus strahlt Wärme aus. Es ist deutlich, dass hier Kinder leben, es gibt Fotos, Bilder und verstreutes Spielzeug. Mein Blick bleibt an einem großen Ast hängen, auf dem viele, kleine und zwei größere Marienkäfer aus Holz aufgeklebt sind. Eine kleine Marienkäfer-Familie, die mich berührt, als Lilly mir erzählt, dass es wirklich für sie und ihre Kinder steht. Die, die leben und die, die gegangen sind. So wie Paula.

Ich möchte die beiden ein bisschen kennenlernen und bitte sie, von sich zu erzählen.

Manuel macht Waffeln, es fühlt sich fast an wie ein Besuch bei Freunden.

Es macht Freude, ihre Lebens- und Liebesgeschichte zu hören. Wie sie sich kennengelernt haben, beim Yoga, mehr oder weniger aus Versehen. Der Kurs war abgesagt, sie waren die einzigen, die das nicht wussten und vor der Tür standen. Er wollte rein, sie raus – und plötzlich war da Amor „mit 50.000 Pfeilen".

Sie waren total verknallt ineinander und wussten sofort, dass es „für immer" sein würde. Dass viele sie für verrückt hielten, als Lilly sofort schwanger wurde – kein Problem. Es war eine unbeschwerte Zeit, die Schwangerschaft und Geburt von Henry sind wie aus dem Bilderbuch. Nicht absehbar, wie schwierig es danach wird. Mit dem Wunsch nach weiteren Kindern, mit Schwangerschaften, die früh enden, teilweise schon nach einigen Wochen. Sie sprechen von der Freude, positiver Tests, beginnenden Schwangerschaftsvergiftungen und Babyherzen, die plötzlich aufhören zu schlagen. Neunmal. Neun Schwangerschaften, die enden, ohne dass es ein Baby im Arm gibt.

Und dann kam Paula.

Die Schwangerschaft, die Kleine, auf die sie sich alle komplett eingelassen haben. Lilly, die gefühlt hat, dass es jetzt gut gehen wird. Manuel, der immer an ihrer Seite war. Henry, der sich auf die kleine Schwester freute.

Lilly kannte das normale Prozedere der Schwangerschaft. Die regelmäßigen Termine, die Untersuchungen, Gewichtszunahme, ein Bauch, der immer runder wird, Ultraschallbilder, die stolz der Familie gezeigt werden und irgendwann die unfassbare Freude über das gesunde Baby.

Sie gingen davon aus, dass es genauso sein würde. Bis zu dem Tag, an dem der Gynäkologe zu weiteren Untersuchungen riet, weil „etwas nicht in Ordnung sei".

Lilly war zu diesem Zeitpunkt im sechsten Monat, als die erste Unsicherheit entstand. Als klar wurde, dass es diesmal anders ist, dass „etwas nicht stimmt", auch wenn nicht sofort deutlich war, was es ist. Sie überlegen sich verschiedenen Szenarien, wie ein Leben mit einem Kind, das nicht gesund ist, aussehen könnte. Es gab eine schwerkranke Tante in der Familie, beiden ist bewusst, was Pflege bedeuten kann. Mit der Gewissheit und Klarheit, sich auch ein Kind mit (schweren) Behinderungen zuzutrauen, und dem sicheren Gefühl, es so zu lieben, wie es sein wird, waren die nächsten Arztbesuche auszuhalten.

Die Untersuchungen wurden in Spezialpraxen durchgeführt. „Das Wartezimmer war voller weinender Frauen. Es ist klar, dass hier niemand sitzt, wenn alles in Ordnung ist!" Lilly spricht ruhig. Wie sie, in einem abgedunkelten Zimmer liegend, versucht hat, das Gespräch der Ärzte zu verstehen, die nur untereinander, aber nicht mit ihr gesprochen haben. Es gab Untersuchungen, aber keine Aufklärung. Die Diagnose „Trisomie 18", die Aussage, dass nur 0,5 % aller Kinder mit dieser Diagnose ausgetragen werden.

Und der Satz: „Heute Nachmittag ist noch ein Termin für den Abbruch frei …"

Eine Information, keine Frage, weil niemand davon ausging, dass sie sich für ihr Kind und gegen den Abbruch entscheiden würde. Sie sind gegangen, weil „nur ein klares Ja ein Ja ist. Alles andere ist ein Nein!" – und sie nicht „Nein" sagen konnten und wollten zu diesem Baby in Lillys Bauch, dem sie sich so verbunden fühlten.

Der behandelnde Gynäkologe ist überfordert von ihrer Entscheidung. „Wie stellt ihr euch das vor?" Ich sehe, wie richtig es sich für die beiden anfühlte, als Lilly sagt: „Ich stelle mir das schön vor. Wir bekommen ein Mädchen." Nach diesem ersten Schock war der behandelnde Gynäkologe „der wichtigste Mann an Bord" und begleitete sie durch die nächsten Monate.

Sie haben ihre Entscheidung mit allen Menschen geteilt, die ihnen wichtig erschienen.

In erster Linie mit der Familie und Freunden, von denen die meisten, fast alle, total überfordert waren. „Es war ziemlich seltsam, Freundinnen und Freunde, die ihre Ängste bei uns abgeladen haben. Ob wir wüssten, was wir machen würden. Na ja, woher hätten wir das wissen sollen?" Sie haben sich Hilfe gesucht, besonders für Henry. Die „Kinder auf Schmetterlingsflügeln", ein Verein, der auf die Begleitung von Kindern und Jugendlichen zum Thema Trauer spezialisiert ist, waren eine unglaublich große Hilfe. „Wir hätten nicht gewusst, wie wir das mit ihm besprechen sollten!"

Die Schwangerschaft ging weiter, von außen erschien alles normal. Es war nicht zu sehen, dass Paula nicht lebensfähig sein wird, auch wenn alle Ergebnisse der Untersuchungen ziemlich eindeutig waren. Lilly scheint von innen zu leuchten, wenn sie von den nächsten Monaten spricht. „Ich habe nur schöne Erinnerungen an die Schwangerschaft. Ich war so unbändig stolz, das wollte ich der ganzen Welt zeigen." Sie spricht oft von „meinem Mädchen" oder „unsere Tochter", voller Freude, Liebe und Trauer. „Es war klar, dass wir nie sehen würden, wie Paula heiratet, dass ich ihr nie die Haare kämmen kann – das sind ja alles Träume, die da sterben, bevor das Kind stirbt." Es gab keine klaren Aussagen, ob und wie lange Paula leben könnte.

Ich kannte die Erkrankung vor dem Gespräch mit den beiden nicht. Als ich im Internet recherchiere, finde ich die

Information, dass Kinder mit Trisomie 18 im Durchschnitt zehn Tage leben. „Was sind schon Statistiken? 10 Minuten, 10 Stunden, 10 Tage oder 10 Wochen, wir nehmen alles, was wir bekommen. Jeden Moment mit unserer Tochter, egal, wie lange er dauern wird."

Manuel hat die meiste Zeit zugehört, Unmengen von Waffeln auf den Tisch gestellt und Lilly immer wieder liebevoll angesehen und ihre Hand berührt. „Egal, was alle anderen gesagt haben, ich habe bis zum letzten Moment gehofft, dass das nicht stimmt. Insgeheim habe ich auf ein Wunder gehofft, egal was Befunde und Ärzte gesagt haben!", sagt er. Eine Hoffnung, die sich nicht bestätigte.

„Die Wehen setzten erst zehn Tage nach dem errechneten Geburtstermin ein. Ich habe jeden Tag maximal wahrgenommen, mir war klar, dass ich danach nichts mehr für sie tun konnte. Jeder Moment war für mich wertvoll und wichtig, ich war ihr so nahe und wirklich glücklich." Eine Hebamme, die auf traumatische Geburten spezialisiert ist, hat uns begleitet. Paulas Herzschlag setzt während der Wehen aus, es müssen schnelle Entscheidungen getroffen werden, für Paula und für Lilly.

„Wir wussten, dass sie ein Übergangsgast ist. Uns war wichtig, dass sie nicht hungrig ist, friert oder Schmerzen hat, das haben wir auch so mit den Ärzten und der Hebamme kommuniziert." Lily hat mir von ihrer Tätigkeit in der Entwicklungshilfe erzählt, sie hat vermutlich mehr Menschen sterben sehen als die meisten anderen. „Es war immer

Drama, besonders, wenn es um Kinder ging. Aber kein Vergleich, wenn es das eigene Kind ist."

Das eigene Kind, von dem die Hebamme gleich nach der Geburt sagt: „Paula stirbt. Verabschiede dich." Lilly, die nicht bei ihrem Kind sein kann, weil sie nach dem Kaiserschnitt versorgt werden muss. Paula überlebt, auf der Kinder-Intensivstation, die sich „wie ein 5-Sterne-Hotel" anfühlt.

Sie haben drei gemeinsame Tage, einen, an dem sie kam, einen, an dem sie blieb und einen, an dem sie ging. „Dienstag war ihr bester Tag, Mittwoch wurde sie immer weniger – und ist auch nicht wiedergekommen." Lilly und Manuel sind spazieren gegangen, 100 m, unter dem Sternenhimmel – und wussten, dass Paula jetzt gehen wird.

„Es gab bereits während der Schwangerschaft so unvorstellbare Situationen. Die Frau, von der wir den Kinderwagen gekauft haben, wollte ihn wieder zurücknehmen. Wir würden ihn ja nicht brauchen. Nach der Geburt war es noch schlimmer. Du wirst bestraft, wenn du ohne Baby aus dem Krankenhaus kommst. Geschenke wurden wieder mitgenommen, Gespräche wurden abgebrochen und die Rückbildung durfte ich nicht bei den jungen Müttern machen, weil es für die so schwierig wäre, wenn ich daran teilnehmen würde."

Sie erzählt das ruhig, auch wenn deutlich wird, wie verletzt sie und Manuel waren, wie schwierig die Rahmenbedingungen. „Auch der Staat war nicht sonderlich hilfreich. Da

Paula nicht über zwei Monate am Leben war, gab es für mich keinen Anspruch auf Elterngeld", sagt Manuel. „Wäre sie ein paar Tage später zum Monatswechsel geboren, wäre das kein Problem gewesen. Dann hätte ich zwei Monate Elternzeit nehmen können. Aber so … Ich konnte keine Elternzeit nehmen, um mich zu erholen und die Zeit mit meiner Familie zu verbringen, bevor es mit der Arbeit weiterging."

Manuel spricht sehr beherrscht, während er auf den Teller mit den kalten Waffeln guckt. Er schildert den Moment, als er Paula in die Pathologie gebracht hat, ein letzter Liebesdienst an seiner Tochter: „Ich wollte nicht, dass sie jemand anders wegbringt. Ich wollte bei ihr sein. Es hat mir das Herz zerrissen."

Ich blinzele die Tränen weg, die mir während dieser Sätze in die Augen getreten sind.

Es war schwierig, in dieser Zeit etwas richtig zu machen. Die Betroffenheit der Mitarbeitenden im Bestattungsinstitut haben sie als albern empfunden, die Bekannten, die jedem Gespräch ausgewichen sind, als seien sie überfordert vom Kontakt. Die erste große Phase der Trauer kam nach drei Wochen. „Ich hatte das Gefühl, dass ich mehr für sie hätte tun können. Diese Leere war so schmerzhaft, uns fehlte so viel. Unser Mädchen, das gegenseitige Beschnuppern, die Innigkeit, das alles gab es nicht." Sie suchen sich Wege, Rituale, die es möglich machen, sich von Paula zu verabschieden. Die Urne, ganz in Pink, das Boot, das zur Seebestattung auf Halbmast hinausfährt, „das war sinnbildlich".

Sie erzählen von Erlebnissen in der Zeit nach Paulas Tod. Einige davon machen mich betroffen und fassungslos. Henry, der in der Schule gefragt wird: „Bist du der mit der Spasti-Schwester?" Entfernte Bekannte, die im Detail wissen möchten, ob und wie schwer Paula missgebildet war, eine häufige Begleiterscheinung von Trisomie 18. Das Nicht-Aushalten der Trauer, das Ausweichen, wenn das Gespräch auf Paula und ihr kurzes Leben kommt.

Sie ist die Tochter, auf die Lilly und Manuel sich so gefreut haben. Sie ist die kleine Schwester von Henry, der in der Kindertrauergruppe gelernt hat, mit seinen Gefühlen und Ängsten zu leben. „Wir haben so viel gelernt durch unser Mädchen. Sie hat uns beim Loslassen geholfen, uns mutig gemacht. Früher habe ich immer alles 100-mal kontrolliert, das hat sich geändert.

Durch Paula haben wir uns alle verändert. Es ist so, als ob ein Schleier gegangen ist. Der Schmerz hat uns fast zerrissen, danach war alles war klar, wir sind verbunden mit allem. Es ist eine gemeinsame Erfahrung für uns als Familie." Eine alte Dame von fast 90 Jahren erzählte Lilly von ihrem eigenen Erlebnis. Sie hatte eine Totgeburt, mit 20 Jahren. Damals durfte sie das Kind nicht sehen. „Die Zeit heilt keine Wunden", sagt sie. Es wird deutlich, wie schwer Trauer ein ganzes Leben begleiten kann.

„Noch einmal hätte das niemand von uns überlebt", sagt Manuel. In diesem Moment kommt Piet an den Tisch. Piet, der nur weiß, dass er eine große Schwester im Himmel hat.

Eine Schwester, von der es nur ein paar verwackelte Fotos gibt, die auf einer der Karten aufgeklebt sind, die auf dem Regal stehen. Es hat niemand daran gedacht, mehr Fotos zu machen oder eine Sternenkind-Fotografin anzurufen. Es braucht gar keine Fotos, weil Paula präsent ist. Auf eine liebevolle, fröhliche Weise, wie Henry, Piet und die anderen, kleinen Marienkäfer auf dem Ast, der immer auf dem Küchentisch liegt.

*****

Nachtrag: Ich schicke Lilly und Manuel den Text mit der Bitte um Freigabe. Manuel antwortet mir, sie haben ein paar, kleine Änderungswünsche. Zum Schluss schreibt er: „Uns lag immer daran, dass unsere Paula eine Spur in dieser Welt hinterlässt …"

Ich bin sehr dankbar, dass ihr dieses Erlebnis mit mir geteilt habt und bin mir sicher, dass Paula in ihrem kurzen Leben viele Menschen berührt hat.

Mama, wir sehen uns!

„Wie alt war sie denn?"

In dem Moment, als ich die Frage ausgesprochen habe, hätte ich sie gerne zurückgenommen.

Weil es vielleicht eher zu erwarten ist, dass ein älterer Mensch stirbt – aber nicht weniger traurig.

Schon gar nicht, wenn es sich um die eigene Mutter handelt.

Ich habe die Frage gestellt und sehe an Dorles Gesicht, dass sie sie schon oft beantwortet hat.

Vermutlich jedes Mal mit dem Gedanken: „Sie war alt. Aber das macht mich nicht weniger traurig."

Ich bin dankbar, dass wir einige Monate später die Möglichkeit haben, ausführlich miteinander zu sprechen und entschuldige mich als erstes für die unbedachte Frage.

„Meine Mama war 82. Aber mitten im Leben!" Es klingt etwas trotzig und in dem Moment verstehe ich absolut, was Dorle meint.

Alles, was über 80 Jahre ist, erscheint erstmal so, als ob es in Ordnung wäre zu sterben.

Ein gutes Alter, ein gelebtes Leben, aber … In meinem näheren Umfeld gibt es ebenfalls Menschen dieses Alters und ich wäre unglaublich traurig, wenn jemand von ihnen sterben würde. Die Aussage, dass es ein „gesegnetes Alter" wäre, würde mich vermutlich nicht trösten.

Mit diesem Gefühl von Verständnis höre ich zu, was Dorle über ihre Mutter und das Sterben erzählt.

„Das Schlimmste ist eigentlich, dass wir nicht damit gerechnet haben. Natürlich ist es in dem Alter immer so, dass etwas passieren kann, rational ist mir das auch klar, aber vom Gefühl her, nee … Und ich glaube auch, dass Mama überhaupt nicht damit gerechnet hat, sie hatte noch so viele Pläne. Eine Reise nach Madrid war gebucht und für den Sommer hatte sie einen Strandkorb reserviert. Das macht man doch nicht, wenn man denkt, dass man stirbt!" Ich muss unwillkürlich lächeln. Wann hört man auf, Strandkörbe zu reservieren oder Reisen zu planen? Dorles Mutter hatte Pläne, schöne Pläne.

„Die OP war kurzfristig nötig, eine Herzklappen-Operation, selbst die Ärzte waren zuversichtlich. Wir sollten uns keine Sorgen machen, bei 80 % geht das glatt. Mama hatte schon die Sachen für die Reha gepackt, es gab ja keinen Zweifel, dass sie in ein paar Tagen das Krankenhaus fidel verlassen würde."

Ich kenne Dorle aus der Stadt, in der ich arbeite. Wir mögen uns und sprechen häufig über Themen, die uns beide bewegen.

Wir wollen über ihre Mutter sprechen, über die Trauer und darüber, wie es sich verändert.

„Ich habe oft von Mama geträumt. Dass sie richtig sauer war, weil sie noch nicht sterben wollte!"

Im Laufe des Gesprächs erzählt sie auch von ihrem Vater, der mit 63 Jahren gestorben ist. Er war krank, trotzdem war es überhaupt nicht absehbar. Samstag ging es ihm gut, er war noch auf einer Feier. Sonntag hat sich sein Zustand schlagartig verschlechtert, Montagmorgen kam er ins Krankenhaus, da haben sie noch gehofft. Abends, kurz vor 22 Uhr, wurden die Maschinen abgestellt. Eine eigentlich sehr undramatische Entzündung am Zeh hat eine Blutvergiftung ausgelöst, die Organe waren mitgenommen, das hat schließlich zum Tod geführt. „Wir haben uns am Krankenhausbett noch von ihm verabschieden können, dann stand gefühlt die Welt still."

Dorle überlegt einen Moment. „Vielleicht ist die Trauer noch in mir?" Das ist eine Formulierung, die mich nachdenken lässt. Wie ist das, wenn jemand stirbt für die Hinterbliebenen? Nach dem Tod eines wichtigen oder geliebten Menschen fühlen Trauernde oft über einen langen Zeitraum physische und psychische Beschwerden. Verspannungen, Schlafstörungen, diffuses Unwohlsein oder Ängste sind Begleiterscheinungen, die mir oft geschildert wurden. So, wie Dorle es schildert, ist die Trauer etwas Greifbares, etwas, das sich in ihr befindet. „Mein Bruder ist mit 56 Jahren gestorben, er hatte COPD und eine Menge Probleme mit dem Leben. Wir standen uns nicht immer nahe, aber gerade zum Schluss hatte ich das Gefühl, dass er wusste, dass er mir wichtig ist und viel bedeutet. Als er gestorben ist, hat er Abschiedsbriefe hinterlassen. Sehr fröhlich, das machte wirklich den Eindruck, als ob es für ihn in Ordnung ist, dass er wirklich nicht mehr leben mochte."

Dorle hat drei wichtige Bezugspersonen verloren: Vater, Bruder, Mutter.

Auf unterschiedliche Arten und Weisen, besonders, was die Form des Abschieds angeht. Vielleicht ist die starke Trauer über die Mutter auch ein Zeichen für unverarbeitete Abschiede von Vater und Bruder? Nach dem Tod des Vaters wurde besonders der Kontakt zur Mutter über viele Jahre sehr intensiv. „Es war klar, dass Mama keine große Rente bekommen würde. Wir haben immer gesagt, wenn sie kein Geld für ein schönes Pflegeheim hat, dann kommt sie halt zu uns ins Arbeitszimmer. Das war zwar immer mit einem Augenzwinkern, aber wir hätten sie definitiv gerne bei uns gehabt."

Dorles Mutter ist vor drei Jahren gestorben. Im Gespräch kommen ihr die Tränen. Sie erinnert sich an alle Details der letzten Tage. „Donnerstag kam sie ins Krankenhaus, die OP sollte Freitag stattfinden, wurde aber mehrfach verschoben. Eine sehr nette Krankenschwester sagte, dass wir uns keine Sorgen machen sollten. Da haben wir auch nicht. Also nicht sehr. Der Moment, als ich mich von ihr verabschiedet habe, der war sehr besonders. Ich habe sie gefragt, ob ich bleiben soll, aber es gab nichts mehr zu tun. Beim Rausgehen habe ich mich noch einmal zu ihr umgedreht, sie hat es nicht gemerkt. Sie saß auf dem Bett wie ein kleines Häufchen Elend, das war der letzte Blick, den ich auf sie hatte."

Es ist alles gut gegangen mit der Operation. „Ich habe vor Erleichterung geweint, so froh war ich, als ich das gehört habe!" Dorle muss beruflich an vielen Terminen teilnehmen; an diesem Tag ist sie zu einer Sitzung gegangen. „Ich hatte ein blödes Gefühl, diese Sitzung war der letzte Ort auf der Welt, wo ich sein wollte. An dem Tag wollte ich nur nach Hause. Und dann … ich hatte das Telefon auf leise gestellt, klar, ich war ja im Termin. Als ich auf das Display geguckt habe und zwei Anrufe aus dem Krankenhaus gesehen habe, war irgendwie alles klar. In dem Moment wehrt sich alles dagegen, man möchte die Information gar nicht haben.

Ich hätte alles dafür getan, diese Anrufe nicht zu sehen. Und dann war sie da, die Nachricht, dass es einen unglücklichen Verlauf gegeben hätte. Was für ein unpassender Begriff für das, was es bedeutet. Mama hat die OP zwar gut überstanden, aber da sie in eine tiefe Narkose gelegt wurde, musste ihr Aufwachen ganz langsam geschehen und gut begleitet werden. Sie lag auf der Intensivstation. Dann ging alles ganz schnell; sie wurde noch einmal notoperiert. Im Krankenhaus wurde mir gesagt, dass alles versucht wurde, aber ihr Herz hat die Strapazen nicht überstanden. Ich bin zu meinem Mann gegangen und habe ihm gesagt, dass sie gestorben ist. Wir sind gemeinsam ins Krankenhaus gefahren, zu meiner kleinen Mama."

Vieles ist gut gelaufen in dieser Zeit. Der Professor, der sich Zeit genommen hat, um zu erklären, welche Komplikationen es gab.

Dorles Familie, die immer für sie da war, wenn sie sich traurig fühlte und geweint hat.

Fotos, Musik und Erinnerungen an die Mutter, besondere, gemeinsame Momente.

Dorle ist Mitte 50 und es rührt mich unglaublich, als sie sagt: „Jetzt ist niemand mehr stolz auf mich."

Ich weiß, was sie meint. Es ist ganz egal, wie viel Zustimmung oder Lob man für etwas bekommt, das Gefühl, dass die eigene Mutter liebevoll auf einen sieht, ist etwas Besonderes – und durch nichts und niemanden zu ersetzen.

Das, was sie sagt, habe ich von vielen Menschen gehört. Dass sie es als hilfreich empfunden hat, über die eigenen Gefühle sprechen zu können, darüber, wie sehr man jemanden vermissen kann. Dass es wertvoll war, den Zuspruch von Freundinnen und Bekannten zu erfahren, die Briefe und Karten geschrieben haben und zur Beisetzung gekommen sind. Und dass es schwierig ist, sich von den meisten Dingen zu trennen, die der Mutter gehörten und die für die eigene Kindheit und Jugend stehen.

„Wir mussten die Wohnung auflösen, das war gruselig, weil wir uns von vielen Sachen trennen mussten. Vorher haben wir uns getroffen, das war sehr gut. Viele Freundinnen und Menschen, die ihr oder mir viel bedeuten, waren dabei. Wir haben Sekt getrunken und alle konnten sich Erinnerungsstücke mitnehmen. Für mich war das schön, zu wissen, dass das Geschirr, Vasen oder kleine Möbelstücke bei diesen Menschen ein neues Zuhause finden. Einiges habe ich behalten, zum Beispiel die Liebesbriefe von meiner Mutter an meinen Vater.

Aber weißt du, wenn jemand fragt, warum man traurig ist, dann kann man schlecht sagen: ‚Weil meine Mutter vor drei Jahren gestorben ist!‘"

Doch, Dorle. Ich finde, das geht.

11 Jahre Trauer

„Ich erinnere mich noch genau an die Nacht vor unserer Hochzeit. Ich wusste damals schon, dass Paul krank ist. Sein Vater war mit 37 Jahren verstorben, seine Schwester mit 45, sein Bruder mit 40. Im Verhältnis dazu ist er mit 51 schon ziemlich alt geworden."

Ich kenne Andrea und ihre Familie seit vielen Jahren. Pauls Erkrankung stand immer im Mittelpunkt, auch wenn er es mit einer bewundernswerten Ruhe genommen hat.

„Nee, als er gestorben ist, war ich nicht traurig. Ich habe jahrelang getrauert, über so vieles, was einfach aufgrund der Erkrankung nicht möglich war. Ich habe mich oft gefragt, wie lange das alles gehen soll. Als er tot war, war ich eher erleichtert." Andrea spricht offen, ohne erkennbare Emotionen. Vielleicht sind auch die im Laufe der Jahre aufgebraucht. In den Jahren zwischen dem Vorabend der Hochzeit und Pauls Tod.

„Wir haben uns 1990 kennengelernt, gefühlt war er immer schon da, wir hatten schon über meine Schwester Claudia Kontakt. Er war immer positiv, ein richtiger Macher-Typ, der wusste, was er wollte. Es passte gar nicht, dass er so viel Pech hatte. Es war so, als ob das Leben ihm immer wieder ein Bein stellen würde, egal, was er angefangen hat, es funktionierte nicht."

„Das alles" bedeutet auch die Erbkrankheit ADPKD, eine polyzystische Nierenerkrankung, die als eine der Hauptursachen für chronisches Nierenversagen gilt. Nieren, diese Organe, die in den meisten Fällen als selbstverständlich genommen werden, nicht auffallen, keine Probleme machen. In den meisten Fällen. Bei Paul war das anders.

„Paul hat eine Ausbildung als Tischler gemacht, das war total sein Ding. Er hatte so viel Freude an dem Beruf, das passte zu ihm und er hätte es unglaublich gerne für den Rest seines Berufslebens gemacht. Das ging nicht, weil er eine massive Holzstauballergie entwickelt hat. Der Verlust des Traumjobs war ein schwerer Schlag, für ihn war das mehr als nur eine Möglichkeit, um Geld zu verdienen. Er war damals noch jung und hätte wahnsinnig gerne eine Umschulung gemacht.

Es dauerte ewig, bis es da eine Zusage von der Berufsgenossenschaft gab. In der Zwischenzeit hat er im Lager gearbeitet – bis auch das aufgrund einer Allergie nicht mehr möglich war. Irgendwann gab es dann mal die Möglichkeit zur Umschulung, zum medizinischen Masseur und Bademeister. Irgendwie ganz logisch, da ist die Chance auf Staub und Allergien relativ gering. Er hat das sehr ernst genommen, viel gelernt und sich gut auf die Prüfung vorbereitet. Ironie des Schicksals, dass er ausgerechnet am Tag, als es um die praktische Prüfung ging, kollabierte.

Hätte Glück im Unglück sein können. Schließlich fand die Prüfung im Krankenhaus statt. Leider hielt das Glück sich in Grenzen, die Leute, die da waren, dachten, dass er so aufgeregt wäre, dass er umgefallen wäre. Ein Kollege rief mich an. Ich bin ins Krankenhaus gefahren, habe in dem Moment aber auch nicht geschaltet."

„Auch nicht geschaltet", dass bereits mehrere Familienmitglieder an den Folgen eines Aneurysmas gestorben sind. Und dass es vermutlich auch bei Paul mehr als ein Schwächeanfall aufgrund der Aufregung ist.

„Acht Stunden. Es ist unfassbar, aber er lag tatsächlich acht Stunden einfach nur rum, bevor ich mit jemandem gesprochen und von der Familiengeschichte erzählt habe. Dann ging es recht fix. Am Ergebnis hat es nichts mehr geändert. Es war ein Aneurysma, bei ihm war ein Areal im Gehirn betroffen. Bei einer schnelleren Reaktion wären die Folgen vermutlich weniger dramatisch gewesen, aber so, nach acht Stunden …

Er war 39 – und danach nie mehr der Alte. Bis zu seinem Tod haben wir mit den Folgen zu tun gehabt. Direkt danach war es ganz schlimm. Er hatte eine extreme Sichtfeldeinschränkung, konnte kein Auto mehr fahren und hat häufig Leute angerempelt, weil er sie einfach nicht gesehen hat. Später hat eine Psychose entwickelt, und ist zur stationären Behandlung in die Psychiatrie gegangen. Das war so typisch für ihn, er wollte niemandem zur Last zu fallen, auch wenn er teilweise ganz wirr war.

Schlimm für ihn war tatsächlich dieses Gefühl, dass er zu nichts mehr zu gebrauchen ist, niemand ihn will."

In einem Liebesroman wäre Andrea die geduldige Ehefrau, niemals gestresst oder böse. Vielleicht hätte es kurz vor dem Ende noch eine glückliche Wendung gegeben, eine deutliche Verbesserung der Situation. Leider war die Lebensgeschichte von Paul eher eine Tragödie. Physisch und psychisch extrem angeschlagen, einen Grad der Behinderung von 70 %, was die Aussicht auf einen Job fast unmöglich gemacht hat.

Er hat alles dafür getan, in eine Maßnahme zu kommen, in seinem Beruf zu arbeiten, für den er tatsächlich noch die Prüfung abgelegt hat. Wenn ich es nicht damals mitbekommen hätte, würde ich Andrea vermutlich nicht glauben, als sie weiterspricht.

„Es war wirklich egal, was er sich vorgenommen hat, es funktionierte einfach nicht. Als er in der Maßnahme war, ging es ihm super. Er hat wieder Selbstvertrauen bekommen und sich nichts so sehr gewünscht wie eine richtige Anstellung. Es gab tatsächlich eine Chance, auch wenn das total makaber klingt. Er hatte einen Kollegen, einen blinden Masseur, der während der Arbeit einen Herzstillstand erlitten hat und gestorben ist. Paul war extrem betroffen, hat sich aber auch Chancen ausgemalt, die Position übernehmen zu können. Wurde aber nix, die Stelle wurde einfach gestrichen. So war das mit seinen Plänen."

Andrea raucht, während wir miteinander sprechen.

Früher hat sie getrunken, regelmäßig und viel. Teilweise sehr viel. So viel, dass sie u. a. ihren Führerschein verloren hat.

Jetzt trinkt sie Apfelschorle, hat eine Therapie gemacht und sich intensiv mit ihrem Alkoholismus auseinandergesetzt.

Nein, Pauls Erkrankung war nicht die Ursache dafür, dass sie getrunken hat.

Sie macht es sich nicht leicht, nimmt die vielen Jahre mit einem schwerkranken Mann nicht als Entschuldigung für die Sucht. Es ist deutlich, dass sie sich lange mit dem Thema auseinandergesetzt hat. „Vielleicht hätte ich anders reagiert, wenn ich nicht getrunken hätte. Nicht so böse Sachen zu ihm gesagt."

Und auch, wenn ich sie teilweise miteinander erlebt habe, bin ich beeindruckt. „Er war voller Lebenswillen, hat nie gejammert, alles angenommen, egal, wie schlimm es war. Das war absolut bewundernswert, besonders, da er früher immer der Macher, der Starke war. Aber er war nicht mehr der Mann, den ich geheiratet habe." Paul war zu diesem Zeitpunkt jung. Ende 30, Anfang 40, „mit einem riesigen Bauch, es sah aus, als ob er einen Fußball verschluckt hätte, die Nieren haben extrem viel Platz eingenommen." Die Erkrankung schritt schneller voran als prognostiziert.

Mit 47 Jahren musste Paul zur Dialyse, erst dreimal, später viermal die Woche. Jedes Mal mehrere Stunden, eine unvorstellbare Anstrengung für den Körper. An diesen Tagen ging gar nichts mehr, an den anderen nur sehr wenig. Lichtblick dieser negativen Entwicklung: Die Chancen, auf die Liste für ein Spenderorgan zu gelangen, stieg.

Es ist makaber, dass es jemandem erst ganz schlecht gehen muss, bevor es (durch ein Spenderorgan) besser gehen kann. Je schlechter es ihm ging, umso mehr stieg die Hoffnung.

„In der Nacht vor der Hochzeit habe ich noch gedacht: ‚Falls es wirklich mal so weit ist, dass Paul eine neue Niere braucht, dann bekommt er einfach eine von mir. Gibt ja viele Paare, bei denen das so ist. Lebendspende unter Ehepartnern, gar keine so große Sache.‘ Aber nee, habe ich dann doch nicht gemacht. Ein Grund war sicherlich Lennart." Lennart, der Sohn der beiden. Der seit einigen Jahren weiß, dass er die Krankheit ebenfalls geerbt hat.

Es ist ein schwieriger Moment in unserem Gespräch. Über Paul zu sprechen, ist deutlich leichter als über Lennart und die Option, dass er auch einmal erkranken könnte. Andrea spricht mit fester Stimme, als ob sie mich – und sich – überzeugen möchte: „Er ist noch so jung, die Medizin macht große Fortschritte, ich bin mir sicher, dass es für ihn viel bessere Behandlungsmethoden geben wird!" Die Sätze und der Gedanke an Lennart, den ich kenne, seit er ein Kind ist, stehen zwischen uns.

Paul war damals sehr enttäuscht über Andreas Entscheidung, ihm keine Niere zu spenden. „Ich hätte das für dich gemacht", sagte er. Und niemand, der ihn kannte, bezweifelt das.

„Bevor jemand auf die Liste für eine Transplantation kommt, wird er buchstäblich komplett auf den Kopf gestellt und von oben bis unten untersucht. Bei Paul war das auch so." Andrea klingt desillusioniert, als sie weiterspricht: „Sein PSA-Wert war deutlich erhöht. Das ist häufig ein Indiz, dass mit der Prostata etwas nicht stimmt. Es wurden weitere Untersuchungen gemacht, Biopsien durchgeführt – und nix gefunden. Trotzdem war klar, dass etwas nicht in Ordnung ist und er kein Kandidat für ein Spenderorgan ist. Sein Name stand einen Tag auf der Liste. Einen einzigen Tag. Dann wurde er wieder gestrichen. Etwas später gab es dann auch die Diagnose. Als er so unglaublich starke Rückenschmerzen bekam, immer öfter gestürzt ist und wenig später klar war, dass es sich um Metastasen in der Wirbelsäule handelte."

Unsere Familien sind befreundet, Andreas Vater Richard ist ein wichtiger Mensch in meinem Leben, den ich sehr schätze. Durch diese Verbindung stehen wir immer mal wieder im Kontakt, treffen uns auf Feiern oder besuchen uns gegenseitig. Da Andrea unsicher war, in der Stadt Auto zu fahren, habe ich Paul nach Hamburg ins Krankenhaus begleitet.

Das war kurz nach der Krebs-Diagnose, es ging um die weitere Behandlung und Vorbereitungen zur Bestrahlung. Er hat die Fahrt als schöne Abwechslung wahrgenommen, Witze gemacht und viel gelacht. Ich habe die Atmosphäre als bedrückend erlebt. Das Gespräch mit der Ärztin, die mich für seine Frau hielt. Die Onkologie-Station im Keller des Krankenhauses, die von der Krankheit gezeichneten Menschen, die auf ihre Behandlung gewartet haben. Mittendrin Paul, der sogar dieser Situation etwas Schönes abgewinnen konnte.

Zwischen zwei Terminen sind wir frühstücken gegangen. Die Bedienung hat zwei kleine Nutella-Packungen zum Brötchen gelegt und er hat sich den Rest des Tages darüber gefreut. Als ich ihn nach Hause gebracht habe, hat er nur darüber gesprochen, wie gut ihm der Tag gefiel und was für ein Glück er hatte, zwei Portionen Nutella zu bekommen.

„Es klingt böse, aber ich habe mich ganz oft gefragt: ‚Warum stirbt er nicht endlich?' Die 11 Jahre hätten wir uns sparen können, das war für niemanden schön. Wir hatten keinen Sex, keine Intimität, nichts, was normale Paare miteinander teilen. Ich hatte schon in jungen Jahren einen Pflegefall als Ehemann. Meistens saß er einfach zu Hause und war verzweifelt, aufgrund der Erkrankung konnte er ja auch nicht viel unternehmen. Ich bin immer von mir ausgegangen, ich hätte mit solchen Handicaps nicht leben wollen. Zu dieser Spezies gehöre ich nicht, vielleicht, weil ich nicht so am Leben hänge.

Aber er war ein toller Vater und ich bin froh, dass er noch so viel von Lennart miterleben durfte. Er hat ja z. B. bei allen Schwierigkeiten sein Abi gemacht." Während sich in seinem Freundeskreis die meisten Themen über Reisen, Ausbildung oder Studienpläne drehen, ist Lennarts Alltag maßgeblich von der Krankheit seines Vaters geprägt. Ich weiß, dass er Paul einmal bewusstlos gefunden – und ihm durch seine schnelle Reaktion in dem Moment das Leben gerettet hat.

„Für Lennart war es auch schwierig, er hätte mit Sicherheit auch lieber einen normalen Vater gehabt, der mit ihm Fußball spielen könnte. Bei uns war wenig normal. Es gab gute Tage, sein 50. Geburtstag war sehr schön. Wir wussten, dass es der letzte sein würde, das hat bestimmt dazu beigetragen. Paul wollte gerne noch mal verreisen, nach Mallorca oder so. Wir haben das besprochen und auch ein bisschen geplant, aber ich habe mich dann doch nicht getraut. Ich hatte Angst, mit ihm alleine zu fahren, war überfordert und habe fiese Sachen gesagt. Ich glaube, er war ziemlich traurig darüber."

Warum sie sich nicht getrennt haben, frage ich Andrea. Weil sie nicht nur Ehefrau, sondern auch ein eigenständiger Mensch war – und offensichtlich zutiefst unglücklich.

„Eine Trennung war nie eine Option, das hätte ich mir nicht vorstellen können. Paul hat mir oft gesagt, dass ich mitfühlen, aber nicht mitleiden soll. Gelungen ist es mir trotzdem nicht. Es kam auch vieles zusammen, seine Erkrankung, unsere Lebenssituation, mein Job in der Gastronomie und mein Trinkverhalten. Ich wurde depressiv, es war eine sehr anstrengende Zeit. Paul vegetierte so vor sich hin. Und ich konnte nur zusehen."

Ich bin überrascht, wie nahe mir unser Gespräch geht. Dadurch, dass ich die letzten Jahre mehr oder weniger miterlebt habe, kenne ich einige der Details. Jetzt fallen mit die vielen, tragischen Momente so auf, als ob ich sie zum ersten Mal höre.

Paul war gefühlt immer krank. Es war ihm wichtig, zu Hause zu sein, bei Andrea, die in der Situation völlig überfordert war. Unterstützung gab es durch den Travebogen, einen Palliativpflegedienst, der die medizinische Behandlung sichergestellt hat. Einen Tag vor seinem Tod hat er der Palliativärztin gegenüber seine Wünsche ganz klar formuliert.

Er wollte nicht im Krankenhaus sterben. Das heißt kein Krankenwagen, keine notärztliche Behandlung, keine lebensverlängernden Maßnahmen. In der Theorie. „An dem Tag ging es ihm sehr schlecht. Ich habe ihm Tavor gegeben, ein sehr starkes Beruhigungsmittel. Das hat ein bisschen geholfen, ihm die Unruhe zu nehmen. Er hat nach mir gerufen, ich habe ihn gehört, wie er meinen Namen gesagt hat, meinen Kosenamen, den er sagte, seit wir uns kennen.

Ich wollte zu ihm gehen, ihn in den Arm nehmen, bei seinen letzten Atemzügen bei ihm sein. Aber ich konnte nicht, ich konnte einfach nicht mehr. Ich bin in die Küche gegangen. Er ist alleine gestorben und ich habe irgendwas wie Erlösung gefühlt. Es war nicht wie im Film, ich wollte auch nicht, dass er noch zu Hause bleibt, ich war froh, als der Bestatter kam und ihn mitgenommen hat. Es sah irgendwie ganz gemütlich aus, wie er da lag, auch wenn sein Körper total ausgemergelt war.

Als er tot war, konnte ich wieder etwas mehr für ihn tun. Die Beisetzung war schön, er wollte in einen Friedwald, es gab eine Gospelsängerin, das waren alles Dinge, die ihm gefallen haben. Aber Trauer? Die nächsten Wochen waren emotional sehr anstrengend, da hatte ich oft das Gefühl, an meine Grenzen zu kommen. Ich habe meine Arbeitsstelle verloren,

Lennart ist für sein Studium in eine andere Stadt gezogen und unser Hund ist gestorben, das waren alles große Verluste, die mich sehr traurig gemacht haben. Oder, dass ich keinen Kontakt zu meiner Schwester habe, die mir immer sehr nahestand. Das sind Dinge, die mich viel mehr beschäftigen. Von Paul habe ich 11 Jahre Abschied genommen, da war nichts mehr übrig."

Abschied von Sanna

Novemberwetter. Es ist kalt und ungemütlich. Der Regen scheint an diesem Tag nicht mehr enden zu wollen. Die Jacke, die ich trage, ist zu dünn, das merke ich schon im Auto. Ich bin am Vortag von zu Hause losgefahren und habe bei einer Freundin übernachtet, etwas anderes zum Anziehen habe ich nicht dabei.

Während ich warte, dass das Auto wärmer wird, denke ich über meine Freundschaft zu Sanna nach. Die meisten meiner Freundinnen sind schon seit Ewigkeiten Teil meines Lebens, die meisten seit 20 oder 30 Jahren. Sanna, die ich heute besuche, kenne ich erst seit etwa fünf Jahren. Wir haben uns auch nicht im Café oder an der Uni kennengelernt, sondern im Altenheim.

Sanna war dort Bewohnerin, ich kam als Ehrenamtliche der Hospizbewegung. Im Normalfall sind die Kontakte, die ich in dieser Funktion mache, sehr intensiv – und meistens kurz. Es liegt in der Natur der Sache, dass es als Sterbebegleiterin keine langfristigen Bekanntschaften gibt, die meisten der Menschen sterben nach wenigen Wochen, einige nach Tagen, andere nach wenigen Monaten. Dass ich Sanna nach vielen Jahren an einem anderen Ort besuche, liegt an ihrer Erkrankung. Sie leidet an secundär celeberärer Ataxie, ein Oberbegriff für so viele Beeinträchtigungen, die sie seit Jahren erlebt. Sie wird vermutlich daran versterben.

Ich weiß nicht, wie es ihr jetzt geht. Wir haben uns lange nicht gesehen, mehrere Monate. Ich war länger im Ausland, Corona hat alles auf den Kopf gestellt und nach einem Umzug wohne ich zwei Stunden Autofahrt entfernt von ihr. Wenn ich sie jetzt besuche, dann nicht als Ehrenamtliche, sondern als Freundin.

Als wir uns kennenlernten, hatte mich meine Kollegin aus der Hospizbewegung gebeten, Sanna in der Einrichtung zu besuchen, in der sie damals untergebracht war. Ich sollte ein paar Mal mit ihr sprechen, weil sie allein und unglücklich war. Das ist ungewöhnlich, unser Auftrag ist klar, wir begleiten Schwerkranke und sterbende Menschen, für Begleitungen in Alten- und Pflegeheimen gibt es andere Ehrenamtliche. Es ist wichtig, dass wir uns auf das konzentrieren, was unsere Aufgabe ist. Die Anzahl der ausgebildeten Ehrenamtlichen ist in nahezu jedem Bereich übersichtlich, das heißt, dass wir nur die Menschen begleiten können, die unsere Hilfe wirklich brauchen. Ich hatte meine Zweifel, dass das bei Sanna der Fall wäre, als ich sie das erste Mal gesehen habe.

Ich habe lange nicht mehr daran gedacht, wie erschrocken ich war, als ich die Tür zu dem winzigen Zimmer in dem Heim geöffnet habe. Der Geruch von Alter und Krankheit, der oft in diesen Einrichtungen präsent ist, war auch hier vorherrschend. Sie lag im Bett, die Gardinen waren zugezogen, was den Raum noch kleiner wirken ließ. Aus den meisten Zimmern drang eine permanente Geräuschkulisse durch Fernsehen oder Radio. Bei Sanna war es leise. Die meisten der Bewohner, die ich auf dem Weg gesehen habe, waren hochbetagt. Sanna gerade Anfang fünfzig, so alt wie ich jetzt. Sie war voll orientiert und wusste sofort, wer ich war. Während ich noch Kleidung und Unterlagen auf dem einzigen Stuhl zur Seite räumte, um mich zu setzen, fing sie an zu sprechen. Von ihrer Erkrankung, der langen Zeit zwischen den ersten Auffälligkeiten und der Diagnose.

Sie sprach, als ob sie lange darauf gewartet hätte, dass ihr jemand zuhört und sie jede Sekunde dieser Zeit nutzen möchte. Von ihrem Partner, einige Jahre jünger als sie und mit der Situation völlig überfordert. Es ist so leicht, in diesen Momenten zu urteilen, wenn jemand geht, eine kranke Person verlässt und sich gegen ein gemeinsames Leben entscheidet. Fast reflexartig habe ich Gedanken wie „Was für ein fieser Typ", während Sanna zwar tieftraurig, aber nicht wertend ist. In meiner Vorstellung würde ich das nie tun, einen geliebten Menschen verlassen, der gerade eine lebensverändernde Diagnose erhalten hat. Wie es tatsächlich wäre, wenn der Partner fast schlagartig nicht mehr der wäre, mit dem man Strandspaziergänge oder lange Gespräche erleben kann, sondern jemand, der Hilfe bei fast allen Alltäglichkeiten braucht – ich weiß es nicht.

Sanna spricht und weint viel. Meistens beides zusammen, was zusätzlich zu ihrer Erkrankung, die u. a. das Sprachzentrum betrifft, das Verstehen schwierig macht.

Das, was ich verstehe, macht mich betroffen. Sie erzählt von den ersten Auffälligkeiten, damals, als sie, die so gerne gekocht hat, dafür gesorgt hat, dass die Küche fast neu gestrichen werden musste. Weil sie, mit zwei Kochlöffeln das Gemüse im großen Wok rührend, in einer plötzlichen Bewegung das Essen im Raum verteilte. Wie ihr Freund Hannes dachte, dass sie einen seltsamen Sinn für Humor hätte und beide vor Überraschung lachten.

Sannas Gesicht wird weich bei der Erinnerung an diesen Abend. Es ist das erste Mal, dass ich sie entspannt sehe. Sie erzählt von den weiteren, weniger lustigen Momenten. Als sie durch die Stadt ging und immer häufiger stolperte. Sie mag die Stadt, in der wir zu dem Zeitpunkt beide leben, sie wollte unbedingt hier leben, im Norden, nahe an der See.

Die See ist für sie zu diesem Zeitpunkt allein schon unerreichbar.

Genauso wie der Park vor der Tür, ein Café oder ein Toilettenbesuch ohne Hilfe.

Als ich mich von ihr verabschiede, mache ich noch einmal deutlich, dass ich – als Ehrenamtliche der Hospizbewegung – keine langfristige Gesprächspartnerin für sie bin. Dass ich sie zwei- oder dreimal besuche und wir dann gemeinsam gucken können, wer oder was hilfreich für sie ist. Es ist keine „Liebe auf den ersten Blick" zwischen uns, vielleicht auch, weil ich sehr darauf achte, den Abstand zu wahren, mich abzugrenzen.

Der Besuch war lang und anstrengend, mir schwirrt der Kopf und ich bin erschöpft. Es fühlt sich anders an als die

Begleitungen, die ich kenne. Diese Menschen sind näher am Lebensende, auch wenn Sanna (vermutlich) an ihrer Krankheit versterben wird, ist der Weg bis dahin völlig unklar. Klar ist nur, dass es keine Besserung geben wird.

Vielleicht liegt es daran, dass Sanna im gleichen Jahr wie mein Bruder geboren wurde, vielleicht daran, dass ich meine Zusicherung, sie einige Male zu besuchen, möglichst schnell erledigen möchte oder daran, dass ich – wieder einmal – erkenne, wie viel Schönes es in meinem Leben gibt, dass ich sie relativ schnell wieder in ihrem kleinen Zimmer besuche. Ich weiß jetzt, dass sie lichtempfindlich ist, die Krankheit u. a. zu Sehstörungen führt und sie deswegen weder lesen noch fernsehen kann.

Wir planen einen Ausflug in ein Café in der Innenstadt, ca. 10 Minuten zu Fuß. Wir kennen uns kaum, sind noch beim formellen „Sie“ und doch ganz nahe, während ich versuche, ihr in eine Jacke zu helfen, ohne dabei eine Schulter auszukugeln. Sanna ist etwas größer als ich, das bemerke ich zum ersten Mal, als ich ihr aus dem Bett helfe und wir engumschlungen vor dem Rollstuhl stehen.

Es ist eine große Sache für sie, dieser Ausflug, die Aussicht darauf, etwas anderes zu sehen als diesen kleinen Raum oder den Speisesaal des Alten- und Pflegeheims, das sie schon seit Wochen nicht mehr verlassen hat. Sie ist lustig, auf eine kluge Art humorvoll und lobt mich für meine Stärke, als ich ihren Rollstuhl durch die Innenstadt schiebe. Ich mache Witze, dass sie nur ein kleines Stück Kuchen bekommen würde, da sie jetzt schon so schwer sei. Der Weg ist nicht lang, trotzdem bin ich verschwitzt, als wir im Café ankommen. Es sind die vielen kleinen Hindernisse, die im „normalen" Leben gar nicht wahrgenommen werden: Die hohen Bordsteine, das Kopfsteinpflaster, das Sanna immer wieder durchgeschüttelt hat, die Stufen, die es unmöglich machen, in einige Läden zu gehen.

Wir suchen uns Kuchen aus. Ich kann mich für fast alles begeistern, was Süßigkeiten, Kuchen, Torten o. ä. angeht, es war reiner Zufall, dass wir etwas Ähnliches gewählt haben. Ich bin gerührt, dass Sanna unsere Kuchen-Vorliebe für ein Zeichen hält, für sie hat es etwas bedeutet.

„Die Leute hier im Heim denken, dass Sie meine Freundin sind", sagte Sanna – und irgendwann war es auch so. Wir haben uns mit jedem Treffen besser kennengelernt, gemeinsam mit meinem damaligen Freund Ausflüge gemacht und ihr geholfen, eine geeignete Wohngruppe zu finden, in der sie mit ihrer Krankheit gut betreut wird. Ich habe ihr ein Fotoalbum geschenkt. Auf den meisten Fotos lachen wir und haben etwas zu essen vor uns stehen. Wenn wir uns nicht sehen, schreibe ich ihr Postkarten, lustige Motive, kurze Texte, immer unterschrieben mit „Deine Freundin", weil ich weiß, wie wichtig es ihr ist.

Und jetzt dieses Treffen, nach vielen Monaten.

In der Wohngruppe, in der Sanna lebt, sind die Corona-Regeln streng.

Ich hole sie ab, sie ist im Rollstuhl, warm eingemuckelt, mit einer dicken Jacke, Schal und Handschuhen. In den Monaten, in denen wir uns nicht gesehen haben, hat sich ihr Gesundheitszustand weiter verschlechtert. Während ich den Rollstuhl schiebe, versuche ich mit ihr zu sprechen. Es ist schwierig, Maske, Schal, Wind – ich rede ein bisschen vor mich hin, erzähle, was ich in den letzten Monaten erlebt habe.

Ich weiß nicht, ob sie mich versteht, ab und zu beuge ich mich vor und versuche ihr Gesicht zu sehen. Es ist frustrierend, kalt, blöd. Cafés sind geschlossen, wir können uns nirgendwo aufwärmen, aber einen Kaffee holen. Es ist alles herausfordernd, ich verstehe nicht, was sie trinken möchte, versuche mich zu erinnern und entscheide schließlich für sie. Als wir vor dem Café stehen, in einer Seitenstraße, zwischen abgesperrten Tischen und hochgestellten Stühlen, kommt die Verkäuferin zu uns. Es ist nicht erlaubt, den Kaffee vor Ort zu trinken, wir sollten bitte gehen. Ich bin den Tränen nahe, als ich versuche, Kaffee und Rollstuhl zu koordinieren.

Wir gehen in einen Drogeriemarkt. Sanna mag Einkaufen, sie kann sich stundenlang alles ansehen, Dinge berühren – an dem Tag wäre ich auch in einen Baumarkt gegangen, egal wohin, nur raus aus dem norddeutschen Schmuddelwetter. „Nehmen Sie bitte einen Korb oder einen Einkaufswagen!" Ich verstehe die Verkäuferin, die uns sofort anspricht, es gibt Regeln. Sanna kann nichts halten, ich kann nicht Einkaufswagen und Rollstuhl koordinieren. „Ich weiß nicht, ob Sie es sehen, aber meine Freundin sitzt im Rollstuhl. Ich stelle die Körbe an die Kasse, dadurch ist zu sehen, wie viele Personen im Geschäft sind." Das scheint keine Lösung zu sein, wir können uns nicht einigen. Sanna und ich müssen den Laden verlassen, ich bin frustriert und den Tränen nahe. Auf dem Weg zurück zur Wohngruppe stapfe ich wütend durch den Regen.

Ich bin traurig, als mir klar wird, dass wir nie wieder miteinander reden werden. Sie hat die Fähigkeit zu sprechen komplett verloren. Es ist unendlich anstrengend zu sehen, wie sehr Sanna sich bemüht, etwas formulieren möchte – und nichts zu verstehen. Wir versuchen uns per Handzeichen zu behelfen, Daumen hoch, Daumen runter – zu wenig für eine wirkliche Unterhaltung. Sie kann nichts erzählen, nicht sagen, wie es ihr geht, was ihr fehlt, was sie sich wünscht, von mir als ihrer Freundin. Bei allem Bemühen habe ich das Gefühl, versagt zu haben.

Durchgefroren verabschiede ich mich von ihr und mache noch ein paar harmlose Scherzchen. Dass meine Finger fast abgefroren sind, während sie es gemütlich hat. Ich sehe die Frustration in ihren Augen, als ich nicht verstehe, was sie mir sagen möchte, bis ich sehe, wie sie an ihren Handschuhen zerrt. Sie hält mir ihre Hände hin, will, dass ich sie ihr ausziehe und mitnehme. Sanna möchte mir ihre Handschuhe schenken, sie erinnert mich an ein Kind, das ohne Nachzudenken teilt. Ich lächele sie an, bedanke mich und lehne ab. „Ich glaube, deine Mama wäre nicht begeistert, wenn ich die mitnehmen würde." Sannas Mutter Livia ist eine sehr liebenswerte Frau, die ihr regelmäßig schöne Sachen schickt.

Ich kenne und schätze sie, vermutlich wäre sie die Erste, die mir Handschuhe besorgen würde, wenn sie davon wüsste. Diese Geste hat mich sehr berührt. Mein Versuch, locker zu sein, als ich mich verabschiede, gelingt nicht. Auf dem Weg nach Hause stelle ich mir die Frage, ob es wirklich Sinn macht, sie weiterhin zu besuchen. Was ich eigentlich meine ist, dass ich das Gefühl habe, zu versagen.

Ich besuche Sanna weiterhin.

Wir haben eine kurze, gemeinsame Vergangenheit und Erlebnisse, über die wir sprechen können. Über die Ausflüge, die wir miteinander gemacht haben. Die Restaurants, in denen wir zusammen essen waren, die Fischbrötchen, die sie und mein damaliger Freund am Strand gegessen haben. Sie hat immer ein bisschen mit ihm geflirtet. Er übrigens auch mit ihr. Es war zauberhaft zu sehen, wie viel Freude ihr diese kleinen Momente der Normalität gebracht haben. Sie hat eigene, lustige Begriffe für Dinge gehabt, die mir schon jetzt nicht mehr einfallen – und die sie mir nicht mehr sagen kann.

Ich habe ihr immer gerne zugehört, wenn sie über ihr Studium, den Beruf und Beziehungen gesprochen hat. Jetzt kann sie nicht mehr sprechen, nicht ein einziges, verständliches Wort. Als ich sie beim letzten Mal in der Wohngruppe besucht habe, hatte sie eine Tafel vor sich. Mit kleinen Magnetbuchstaben stand dort „Moin liebe Tinka Beller" und mir ist erst im Laufe des Besuchs deutlich geworden, wie sehr sie diese vier Worte angestrengt haben müssen.

Als ich sie fragte, was ich ihr beim nächsten Mal mitbringen soll, schrieb sie unter großen Mühen „Nugat". Auf mein Nachfragen: „Nougat? Wirklich? Das magst du doch gar nicht so gerne?", stellte sich raus, dass „Schokolade" und „Gummibärchen" einfach zu schwierig zu schreiben waren.

Das, was wir miteinander teilen können, wird immer weniger. Ihr ganz eigener, wunderbarer Sinn für Humor ist kaum noch zu erkennen. Gemeinsame Ausflüge mit dem Auto sind schon lange nicht mehr möglich, weil sie in einem Liegerollstuhl sitzt, der in kein normales Fahrzeug passt. Ihre Mutter, die weit weg wohnt, hat sie im Sommer für mehrere Tage besucht. Wir haben zusammen ein paar Stunden an einem See verbracht, ich habe Sanna im Rollstuhl geschoben, so wie damals, als wir uns kennengelernt haben. Es war vermutlich das letzte Mal, dass wir alle gemeinsam so einen Nachmittag verbringen konnten, auch wenn vieles schon nicht mehr ging. Sanna, die immer so gerne gegessen hat, hat große Schwierigkeiten beim Schlucken. Selbst weiche Pommes waren eine große Herausforderung und für sie ein großes Hindernis. Sie kann nicht essen oder trinken, nicht sprechen und wenn sie sich versucht mitzuteilen, ist sie in den meisten Fällen nicht zu verstehen.

Sie war kaputt, als wir sie zurück in die Wohngruppe gebracht haben, weil wir zu lange mit ihr unterwegs waren. Wir wurden mit strengen Blicken empfangen, zu Recht. Wir, d. h. Livia und ich, wollten möglichst viel Zeit mit ihr verbringen und haben nicht darauf geachtet, wie anstrengend es für Sanna war.

Die Besuche bei ihr sind emotional und anstrengend. Es gibt nichts, was wir miteinander teilen können, nichts, was sie mir aus ihrem Leben erzählen kann. Ich werde weiterhin zu ihr fahren.

Weil ich ihre Freundin bin.

Nachtrag: Sanna ist am 23.05.2022 gestorben. Zur Beisetzung habe ich etwas Ostseesand mitgebracht und in ihr Grab gegeben. Und Livia gefragt, ob ich die Handschuhe von Sanna bekommen kann

Wie soll ein Mensch das ertragen?

Vor einigen Jahren hatte ich Liebeskummer. Ich erinnere noch die Intensität der Emotion und die Schwere, die ich damals empfunden habe. Ich war gefühlt morgens, mittags und abends einfach nur traurig. Für eine kurze Zeit war das so was wie ein Fulltime-Job.

In dieser Zeit habe ich oft ein bestimmtes Lied von Philipp Poisel gehört. „Wie soll ein Mensch das ertragen" – es war schrecklich-schön, so, wie mit dem Daumen auf einen blauen Fleck zu drücken, mit dem Wissen, dass es weh tut. Trotz aller Trauer wusste ich, dass es nur eine kurze Zeit sein würde, bis es mir wieder besser gehen würde und der Gedanke an diesen Mann mich nicht mehr so berühren würde.

„Wie soll ein Mensch das ertragen?" war einer meiner ersten Gedanken, als ich von Nancy und ihren Kindern gehört habe. Nach unseren Gesprächen frage ich mich das immer noch – aber Nancys Lebensfreude ist so ansteckend, dass die Frage eher „Wer, wenn nicht sie?" heißen sollte.

Ich lerne Nancy über den Wünschewagen kennen. Der Fahrgast war ihr Sohn Noah, ihr jüngstes Kind. Noah, der bereits mit einer lebenslimitierenden Diagnose geboren wurde. Wir haben nur kurz telefoniert, ich wollte gerne mehr erfahren über sie und ihr Leben mit einem Kind, von dem sie weiß, dass es jung sterben wird.

Als ich zum Eingang des Mehrfamilienhauses gehe, höre ich laute Musik und Klatschen aus dem Fenster im Erdgeschoss. Noah mag Kinderlieder und Schlager. Und er mag sie laut. Sehr laut. Nancy öffnet mir die Tür, sie ist sofort offen und zugewandt. Es gibt Menschen, zwischen denen die Chemie vom ersten Augenblick stimmt, so wie in diesem Moment.

Später denke ich, dass sie diese Offenheit braucht, um die vielen Menschen, die sie und Noah unterstützen, immer wieder in ihre Wohnung und ihr Leben zu lassen.

Ich betrete den Flur, es ist picobello aufgeräumt und liebevoll dekoriert. Die Musik erinnert mich an die Zeit, in der meine Kinder klein waren und ich nachts aufpassen musste, nicht auf Legosteine zu treten oder auf selbstgemalten Bildern auszurutschen. Meine Kinder sind erwachsen und diese Zeit ist lange vorbei. Für Nancy wird es das mit Noah in dieser Form nie geben. Keine selbstgemalten Bilder, kein Erwachsensein.

Auf dem Weg zum Kinderzimmer wird die Musik lauter. Eine Mischung aus Schlagerparty und Kindergeburtstag wird die Geräuschkulisse während unseres gesamten Gesprächs. Noah liegt auf dem Boden, die Bauklötze, die neben ihm liegen, kann er nicht eigenständig aufbauen. Manchmal greift er nach einem Stein und hält ihn in der Hand. Nancy gibt per Sprache Anweisungen an den intelligenten Lautsprecher und schon nach kurzer Zeit verstehe ich, dass „Alexa" so etwas wie die Mitbewohnerin ist. Nancy braucht ihre Hände, um immer wieder die Klötzchen zu einem Turm aufzubauen, die Noah mehr oder weniger gezielt – aber immer mit viel Krach – umwerfen kann.

Während wir sprechen, hält sie ihn liebevoll fest, ermutigt ihn, zu husten, was ihm sichtlich schwerfällt und bezieht ihn immer wieder mit ein in unser Gespräch. Noah ist schmal, ich hätte ihn für jünger gehalten als die 14 Jahre, die er tatsächlich ist.

Sie erzählt von der Diagnose bzw. davon, dass es keine klare Aussage gibt. Ein Stoffwechseldefekt, eine spontane Mutation, niemand weiß es so genau, aber über diesen Punkt scheint Nancy längst hinweg. In den letzten Wochen und Monaten, als sich sein Zustand rapide verschlechterte, haben sie noch einmal Untersuchungen durchführen lassen, um zu klären, warum Noah auf einmal Fähigkeiten verloren hat, die er früher hatte. Im letzten Jahr konnte er noch stehen und laufen, jetzt ist er vollkommen auf Unterstützung angewiesen. Es braucht viel Hilfe mit einem Kind, das so besondere Bedürfnisse hat.

Während Rolf Zuckowski zum wiederholten Mal von „Winterkindern" singt, erzählt Nancy von ihrem Urlaub und der Fahrt mit dem Wünschewagen. Der Urlaub wurde ihnen durch die Spende eines Radiosenders ermöglicht (Danke, Radio Hamburg!). Ohne Hilfe hätte sie ihn gar nicht mehr machen können, weil sie Noah nicht mehr allein im Auto transportieren kann. „Ich hätte gar nicht gedacht, dass das für uns in Frage kommt. Da gibt es doch mit Sicherheit Andere, denen es schlechter geht, oder die es nötiger haben als wir …" Spontan fallen mir wenige Menschen ein, denen ich mehr Unterstützung und Hilfe wünschen würde, aber Nancy glaube ich wirklich jedes Wort. „Ich bin ja da, um da zu sein", sagt sie. Da zu sein für Noah, der auch ohne Worte deutlich machen kann, wenn er etwas möchte. Mit heftigen Kopfbewegungen, lauten Geräuschen und wenn gar nichts mehr geht, auch mit Kneifen. Nancy lacht. „Was soll er denn sonst auch machen, wenn ihm niemand zuhört?"

Nancy ist alleinerziehend. Sie hat Hilfe, Unterstützung durch Assistenzen, Freiwillige und Noahs Vater, bei dem er regelmäßig Wochenenden verbringt. Zeit, die Nancy dringend für sich braucht, um in Ruhe ein Telefonat zu führen, einen Kaffee zu trinken oder ruhig zu schlafen. „Noah ist ja auch in der Schule", sagt sie und lächelt ein bisschen schief, „also in den letzten 12 Monaten nicht, wegen Corona." Ich kenne Familien, die in dieser Zeit an ihre Grenzen gekommen sind. Keine Betreuung der Kinder, kaum Möglichkeiten zur Freizeitgestaltung, das ist herausfordernd. Ich kann mir kaum vorstellen, wie das für Nancy ist.

Während wir miteinander sprechen, klingelt ihr Handy.

Es ist Tristan, ihr älterer Sohn, Noahs großer Bruder, der gerade 20 geworden ist und nach dem Abitur ein Studium beginnt. In einer Stadt, die weit weg ist von ihrem Wohnort. Nancy klingt stolz und ein bisschen verwundert. So, als ob die Tatsache sie erstaunt, dass Tristan, trotz aller Anstrengungen, die sein Familienleben mit einem schwerbehinderten Bruder mit sich gebracht hat, seinen Weg geht.

„Tristan hat es nicht leicht gehabt. Er stand oft an zweiter Stelle, weil er gesund war und nicht so viel Aufmerksamkeit und Hilfe brauchte. Zumindest nicht auf den ersten Blick. Jetzt, wo er erwachsen ist, sehe ich das anders. Ich habe mich bemüht, dass er eine gute, unbeschwerte Zeit hat.

Mit meiner Schwester und ihren Kindern mal in den Urlaub fahren konnte, einfach mal Kind sein konnte, ohne Rücksicht nehmen zu müssen. Ich habe es so gut gemacht, wie ich es in dem Moment konnte. Aber auch der tollste Urlaub, ein schönes Fahrrad oder eine neue Spielekonsole sind kein Ersatz für Zeit und Mutterliebe. Da stand er deutlich hinter seinen Brüdern zurück, das kann ich nicht mehr gut machen, aber es liegt mir schon auf der Seele."

Nancy spricht von „seinen Brüdern". Ich erinnere mich, dass es außer Noah noch ein Kind gegeben hat, weiß aber nichts über die Umstände und bitte sie zu erzählen. „Mein erster Sohn Tom ist 1998 geboren, eine ganz normale Schwangerschaft, keine Auffälligkeiten. Bis auf mein Gefühl, dass ich ein krankes Kind bekomme. Mein Umfeld hat mich nicht ernst genommen, es gab ja überhaupt keinen Grund, das anzunehmen.

Dann wurden die Herztöne schlecht und es musste ein Kaiserschnitt durchgeführt werden. Nach der Geburt war mein Baby ganz schlaff. Er hat nicht geschrien, konnte schlecht atmen und musste intensivmedizinisch behandelt werden. Am Anfang gab es keine Diagnose, nur Vermutungen. Dass er taub wäre. Und blind.

Hat sich später als falsch herausgestellt, aber in dem Moment kamen gefühlt jeden Tag Horrornachrichten. Er bekam starke, epileptische Anfälle. Er hat das alles still ertragen, sein ganzes, kurzes Leben lang."

Nancy ist fröhlich, lacht viel und spricht laut und liebevoll in diese Geräuschkulisse von Musik, den umstürzenden Bauklötzen und den Geräuschen, die Noah von sich gibt. Während sie über Tom spricht, wird ihre Stimme weich und ich kann erkennen, dass auch sie, diese unglaublich starke Frau, ihre verletzlichen Momente hat.

„Die Diagnose hieß ‚Unklarer Stoffwechseldefekt, lebenslimitierend', richtig anfangen konnten wir, also mein damaliger Mann und ich, damit nichts. Wir haben ihn und uns auf den Kopf stellen lassen, um herauszufinden, woran es lag. Aber es gab keine Antwort. Mein Mann hatte aus seiner ersten Ehe eine gesunde Tochter, bei uns beiden war alles in Ordnung.

Wir wurden mit der Aussage, dass es eine spontane Mutation sei – eine Laune der Natur – und einem schwerstbehinderten Kind entlassen. Auch wenn ich immer das Gefühl hatte, ein krankes Baby zur Welt zu bringen, darauf waren wir nicht vorbereitet. Wir mussten in unsere Rollen als Eltern reinwachsen, die so anders waren als bei einem Kind ohne Behinderungen. Tom hat ganz früh die höchste Pflegestufe bekommen, das ist bei Kindern extrem ungewöhnlich."

Sie erzählt von dieser Zeit ihrer Ehe ohne Drama.

Von dem Wunsch nach einem zweiten Kind, das sie sich (zu-)getraut haben und das mit Tristan drei Jahre später zur Welt kam. Sie lacht, während sie von den alltäglichen Herausforderungen spricht. Dem Doppelbuggy, mit dem sie beide Kinder gleichzeitig schieben konnte und davon, dass sie nicht gestillt hat, weil sie mit den Fläschchen unabhängiger waren. Von den immer größeren Einschränkungen und immer mehr nötigen Unterstützungen.

„Tom brauchte Monitore, Atemüberwachung und alle möglichen medizinischen Geräte. Je mehr davon kam, um so mehr ging mein Mann. Er war da ganz klar, irgendwann hat er gesagt ‚Ich gebe nicht mein Leben für ein anderes Leben, das kann ich nicht!‘, und dann ist er tatsächlich gegangen. Vielleicht war das auch der Grund, warum Tom und ich uns so unglaublich nahe waren – wir hatten ja nur uns. Ich glaube wirklich, dass er mein Seelenverwandter war, es war so eine besondere Verbindung zwischen uns, die ich auch heute noch wahrnehme."

Ich merke, dass die Situation und die Informationen mich überfordern.

Der schmale Junge, der auf dem Boden liegt, dem sie regelmäßig den Mund abwischt und seinen unkontrollierten Bewegungen ausweicht, der Junge, mit dem sie bereits regelmäßig im Kinderhospiz „Sternenbrücke" Zeit verbringt, weil klar ist, dass er eine lebenslimitierende Diagnose hat, dieser Junge wird nicht ihr erstes Kind sein, das stirbt? Wie soll ein Mensch das ertragen?

„Je mehr mein Mann ging, umso intensiver war meine Nähe zu Tom. Er war so außergewöhnlich, ruhig, nie aggressiv. Wenn ich ihn manchmal betreuen lassen habe, damit ich ein bisschen Zeit für mich hatte, hat er nie Krawall gemacht oder geschrieen. Ihm ist höchstens eine Träne über die Wange gelaufen. Selbst, wenn er geweint hat, hat er das ganz leise gemacht. So, wie er gelebt hat, ist er auch gestorben."

Toms Tod ist fast genau 12 Jahre her, als wir miteinander sprechen. Es hat eine große Bedeutung für Nancy, dass er nicht vergessen wird.

Sie erzählt von dem Tag, an dem er gestorben ist, als ob es gerade passiert sei: „Er hatte es so schwer, sein Leben war voller Herausforderungen – und er hat immer gelacht. Was es für mich so unbegreifbar gemacht hat, war die Tatsache, dass mich sein Tod überrascht hat. Er ging in einer Situation, in der es für mich nicht absehbar war, dass er stirbt. Ich habe ihn ins Bett gelegt, er ist eingeschlafen – und gestorben. Keine Vorwarnung, keine Zeit zum Abschiednehmen.

Die ersten Jahre war ich wie gelähmt. Ich wollte gar nicht, dass das Leben weiter geht. Mein Kind war gestorben, da sollte alles stehenbleiben. Ich hatte den Eindruck, dass das bedeutet, dass er aus den Köpfen verschwindet, wenn die Welt sich einfach weiterdreht. Wenn Tristan und Noah nicht da gewesen wären, hätte ich es nicht geschafft."

Mir wird klar, wie nahe sie sich Tom auch nach Jahren fühlt, als sie weiterspricht:

„Es hat lange gedauert, bis ich begriffen habe, dass ich ihn nie wiedersehen kann. Aber seine Seele ist jeden Tag hier. Tom war so etwas wie mein Lehrmeister für die Zeit, die ich jetzt mit Noah erlebe. Viele Leute in meinem Umfeld waren geschockt. ‚Jetzt muss sie das mit zwei behinderten Kindern schaffen!‘, aber ich glaube, dass Tom gegangen ist, damit Platz für Noah ist. Das ist unser Weg. Der ist schwer, aber es ist unser Weg und ich gehe ihn.“

Sie springt auf, Noah ist ein Fulltimejob ohne Feierabend. Es gibt ständig etwas zu halten, zu spülen oder abzuwischen. Sie erklärt Noah jede ihrer Handbewegungen, die sie in den vergangenen Jahren vermutlich schon unzählige Male durchgeführt hat. Mit sicheren, ruhigen Handgriffen, während Noah zappelt und mit den Armen um sich schlägt. Er hält mir seine Hand hin, ich strecke ihm meine entgegen und bin völlig überrascht, mit welcher Kraft er daran zieht. Es tut weh, ich ziehe meine Hand zurück.

Nancy lacht, als sie meinen Blick sieht. „Ich gehe auch nicht jeden Tag voller Liebe in sein Zimmer. Er spuckt, wehrt sich, schlägt um sich – das ist nicht immer nur wunderschön.“ Ein kleiner Moment nur, bevor sie wieder fröhlich über ihren Alltag spricht. Über das, was ihr und Noah ermöglicht wird, wie viel Unterstützung sie bekommt.

Das, was schwierig ist, was nicht gelingt, erwähnt sie nur am Rande. Noahs Rollstuhl, den die Krankenkasse erst nach vielen Widerständen bewilligt hat - und den sie nicht nutzen können, weil er nicht mehr darin sitzen kann und einen größeren Halt braucht. Von ihrer eigenen Diagnose „Multiple Sklerose", mit der sie seit einigen Jahren lebt. „Ich habe großes Glück, bis jetzt habe ich wirklich nur kleine Schübe gehabt!" Glück im Zusammenhang mit dieser Erkrankung – hätte ich mir so auch nicht vorstellen können. Vermutlich hätte ich es auch niemandem anders geglaubt, aber Nancy strahlt, während sie spricht. Über das, was ist, und das, was kommen wird.

„Ich glaube, es gibt einen Plan. Einen Seelenplan. Und einen ganz praktischen, für die Zeit jetzt. Tom hat mir beigebracht, Dinge positiv zu sehen, das Leben zu genießen. Ich hätte mir für ihn gewünscht, dass er laufen kann, Roller fahren, sich entwickeln wie jedes andere Kind auch. Aber er war gar nicht traurig, er brauchte kein Mitleid. Und ich damit auch nicht. Er hat so viel Liebe erfahren, ich glaube, dass seine Aufgabe hier erfüllt war. Ich habe mir damals für Tom gewünscht, dass er vor mir geht, das wünsche ich mir für Noah auch. Die Erfahrung wird den Schmerz nicht mindern, aber ich bin gewappnet, ich bin bereit."

Aus eigener Erfahrung weiß ich um einige Besonderheiten, wenn ein Mensch verstorben ist. Von rechtlichen Rahmenbedingungen, die in den meisten Fällen einen Abschied zu Hause ermöglichen. Und die nur die wenigsten Menschen kennen. Nancy kennt sie alle. Sie erzählt von den Tagen, nachdem Tom gestorben war. Vom Kinderhospiz, in dem sie noch Zeit zum Abschiednehmen hatten, weil Tom für mehrere Tage in einem Kältebettchen lag und dort von allen, denen er wichtig war, besucht werden konnte. Von dem

Erinnerungstag für die verstorbenen Kinder, an dem sie jedes Jahr teilnimmt, weil es ihr so viel bedeutet, dass dort, auch Jahre nach seinem Tod, sein Name und der aller anderen toten Kinder genannt wird.

Sie erzählt von Tristan, der zu ihr sagte: „Bitte hole mich nicht von der Schule ab. Die lachen mich immer aus mit meinen verkrüppelten Geschwistern!", und der mit sechs Jahren den Sarg seines Bruders bemalt hat. Es sind kurze Augenblicke, in denen Nancy sich verletzlich zeigt. „Ich bin sehr stolz auf Tristan, aber wir haben ein schwieriges Verhältnis zueinander. Ich wünsche mir das anders, es liegt mir auf der Seele. Es war und ist nicht einfach für ihn. Aber ich glaube, dass diese Kinder meine Aufgabe sind, dass ich mich irgendwann dafür entschieden habe."

Auch für ein zweites Kind, das vermutlich bald sterben wird. „Ich habe einen Plan, wie wir das am besten alles machen, wenn sich Noahs Situation verschlechtert. Jetzt weiß ich, was kommt, habe mehr Hintergrundwissen. Bei Tom bin ich Amok gelaufen, als der Bestatter kam. Die haben ihn sofort angefasst, umgedreht und untersucht. Jetzt bin ich viel informierter. Ich möchte, dass auch Noah zu Hause sterben kann. Mit dem Wissen, dass er nur eine kurze Zeit hier auf der Welt ist, kann ich vieles besser ertragen. Ich möchte den Weg gemeinsam mit ihm gehen. Das hat er verdient."

Ich frage Nancy, ob sie einen Plan für ihr weiteres Leben hat. Wenn es nicht mehr durch die Pflege von Noah bestimmt wird und die Geräuschkulisse unter die Lautstärke eines

Presslufthammers fällt. Was wird sie tun, mit ihrer Zeit, der Stille und der Trauer um einen weiteren toten Sohn? Ich bin überrascht von der Klarheit, mit der sie spricht: „Es wird etwas anderes kommen. Und das wird etwas Schönes sein. Das weiß ich.

Ich habe meinen Kindern das Leben geschenkt, aber mir wurde das Leben auch geschenkt. Und für dieses Geschenk bin ich dankbar. Es ist einfach schön, auch wenn es schwer ist, aber ich bin es mir ein Stück wert, dass ich nach der Zeit mit den Jungs auch an mich denke. Ich hoffe, dass ich das Glück haben werde, das zu ermöglichen. Ich kann dann mit Stolz auf mein Leben zurück gucken. Wenn Noah stirbt, ist das noch mal ein Abschluss. Ich liebe das Leben, das habe ich von den Jungs gelernt. Und ich brauche nicht viel, ich wünsche mir Sand unter meinen Füßen und das Geräusch von Wasser. Vielleicht kann ich mir einen VW-Bus kaufen und damit ans Meer fahren."

Es ist nicht klar, wie lange die gemeinsame Zeit mit Noah noch gehen wird. Klar ist nur, dass es nicht leichter wird. Noah wird größer und schwerer, Nancys körperliche Probleme auch. Die Schulter ist überlastet, es gibt keine Zeit für Physiotherapie, und der Rat, sich zu schonen, klingt in ihren Ohren fast lustig. Vielleicht ist es kein Zufall, dass es ihr, der so unglaublich starken Frau, gerade jetzt schlechter geht. Jetzt, wo Tom Todestag sich jährte und Familie und Umwelt mit immer mehr Unverständnis auf ihre Trauer reagieren. Weil es schon so lange her ist, dass Tom gestorben ist. Und die Angst, dass er vergessen wird, wird immer größer. Nancy zeigt mir Fotos von Tom, beschreibt die Ähnlichkeit zwischen ihnen und die besondere Verbindung. Er wird nicht vergessen werden, nicht, so lange mit so viel Liebe an ihn gedacht und über ihn gesprochen wird.

Kurz bevor ich gehe, sehe ich aus dem Augenwinkel ein Tatoo auf dem Unterarm von Nancy und frage, ob es eins ihrer Kinder ist.

Lachend klärt sie meinen Irrtum auf: Es ist ein Bild von Pipi Langstrumpf. Und ich finde, das passt ganz fantastisch zu dieser fröhlichen, lauten, starken Frau, die mich in dieser kurzen Begegnung sehr berührt hat. Ich verabschiede mich wie von jemandem, den ich schon sehr viel länger kenne als ein paar Stunden. Während ich zurück zum Auto gehe, höre ich Rolf Zuckowski singen. Sehr, sehr laut. So, wie Noah es mag.

Nachtrag: Der Mann, wegen dem ich damals traurig war, und ich sind jetzt seit vielen Jahren befreundet. Und ich weiß, dass ein Mensch sehr, sehr viel ertragen kann.

(Weiter)Leben mit Trauer

Es gibt diese Momente, in denen die Welt stillzustehen und ein Weiterleben nicht möglich scheint. Vermutlich gab es auch in Ihrem Leben bereits Verluste, Abschiede, von geliebten Menschen und das Gefühl, das nichts mehr so ist, wie es war. Vielleicht haben Sie Ihre eigenen Emotionen in den beschriebenen Erfahrungen erkannt, vielleicht ging es Ihnen ganz anders. Denn Trauer ist so individuell, wie die Menschen, die sie erleben.

Ich freue mich, dass Sie mein Buch gelesen haben. Denn die Themen „Tod und Sterben" sind in unserer Gesellschaft unpopulär, werden gerne verdrängt, solange es geht.

Vielleicht erklärt das die Unfähigkeit, mit Trauernden umzugehen, den empfundenen Schmerz auszuhalten.

Trauernden wird häufig direkt nach dem Verlust jede Menge Hilfe angeboten, häufig mit dem Zusatz: „Sag Bescheid, wenn du etwas brauchst! Ich bin für dich da!" So gut diese Aussage gemeint sein kann, übersieht sie etwas ganz Wesentliches: Trauer ist anstrengend.

Viele Trauernde fühlen sich in der ersten Zeit wie gelähmt, unfähig, etwas anderes zu tun, als den Verlust zu verstehen. „Ich weiß gar nicht, wie ich das überleben soll" ist keine Floskel, sondern Ausdruck dessen, was erlebt wird.

Sowohl aus eigener Erfahrung als auch besonders aus den Gesprächen, die ich führen durfte, weiß ich um die Anforderungen an Trauernde. Der Zeitraum, der ihnen zugestanden wird, um vermeintlich grundlos in Tränen auszubrechen, Verabredungen abzusagen und Freundschaften zu vernachlässigen, ist kurz.

Für Außenstehende ist es häufig nicht nachvollziehbar, dass jemand „immer noch so traurig ist" – wenn der Verlust bereits einige Wochen oder Monate zurückliegt. Wir leben in einer sehr schnelllebigen Zeit, der Trauerprozess scheint da nicht zu passen.

Das führt häufig dazu, dass neben dem Verlust eines nahestehenden Menschen auch Freundschaften zu betrauern sind. Trauer kann einsam machen. Ich möchte Sie ermutigen, sich jede Unterstützung zu holen, die Sie gerade benötigen. Es gibt die unterschiedlichsten Angebote, Einzelgespräche mit ausgebildeten Trauerbegleiterinnen, Gruppentreffen mit Menschen in einer ähnlichen Situation oder die Möglichkeit, Gefühle kreativ zu verarbeiten, z. B. durch Malen. Die meisten dieser Angebote sind ehrenamtlich organisiert und kostenlos.

Dieser geschützte Rahmen gibt Raum, über alle Gefühle im Zusammenhang mit der Trauer zu sprechen. Über die Vorwürfe, die sich Hinterbliebene oft machen, weil etwas unausgesprochen blieb. Die Erleichterung, wenn der Tod als Erlösung wahrgenommen wurde. Und die Wut, Aggression oder Verzweiflung, die manche Abschiede mit sich bringen.

„Alles, was da ist, darf da sein." ist eine häufige Aussage in der Sterbe- und Trauerbegleitung. Egal, was Sie gerade fühlen, versuchen Sie, es anzunehmen. Trauer hat eine heilende Kraft, die häufig unterschätzt wird. Es gibt ein Sprichwort, das ich sehr mag: „Gras wächst nicht schneller, wenn man daran zieht." Das gilt auch und besonders für Trauer. Es gibt keine Abkürzung, keinen Trick, um schneller wieder in der „Normalität" zu landen. Auch wenn der Verlust Jahre oder Jahrzehnte zurückliegt, gibt es immer wieder Momente, die direkt ins Herz gehen. Es gibt Lieder oder den Duft eines Parfums, die mich bis heute zu Tränen rühren.

Ich wünsche Ihnen von ganzem Herzen, dass Sie gut durch diese Zeit der Trauer kommen. Ich wünsche Ihnen, dass es Menschen in Ihrem Umfeld gibt, die Sie (aus-)halten, auch wenn es so scheint, als ob Sie das gar nicht möchten. Trauen Sie sich, zu sagen, was Sie sich wünschen – und was Sie gerade verletzt. Viele Personen sind überfordert mit der Intensität Ihrer Gefühle. Versuchen Sie, es nicht persönlich zu nehmen. Das ist es in den meisten Fällen nicht.

Nehmen Sie Hilfe an, sei es die praktische Unterstützung durch gekochtes Essen oder das wieder und wieder geführte Gespräch über das, was Sie bewegt.

Kurz vor der Fertigstellung des Manuskripts habe ich an einer Seebestattung teilgenommen. Auf dem Schiff lagen Taschentücher, auf der Packung aufgedruckt das Zitat: „Es sind die Abschiede, die uns verbinden." (Prof. Dr. Josef Vital Kopp). Was für ein schöner Gedanke.

Letzte Worte

Dieses Buch erscheint einige Monate später, als ich es ursprünglich geplant habe. Weil so viel Leben dazwischen gekommen ist, Schönes und Trauriges. Während des Schreibens hat sich meine persönliche Situation verändert.

Jemand, der mir sehr nahesteht, ist nicht mehr Teil meines Alltags – am Anfang fehlte er mir jeden Tag. Meine Tante, die ein ganz besonderer Anker in meinem Leben war, ist während des Schreibens an diesem Buch erkrankt und verstorben. Ich bin traurig, dass sie die Veröffentlichung nicht mehr erlebt hat, aber in unseren Gesprächen ist sie präsent und Ich habe oft das Gefühl, dass sie ganz nahe ist."

Menschen, die mir wichtig sind, sind (räumlich) weit entfernt.

Durch die Auseinandersetzung mit dem Thema „Trauer" bin ich viel mit meinen eigenen Verlusten konfrontiert worden. Ich weiß, dass auch Menschen, die ich liebe, sterben werden. Theoretisch.

Der Gedanke daran macht mich sprachlos und unfassbar traurig. Wenn es so weit ist, werde ich mich an die Gespräche erinnern, die ich für dieses Buch führen durfte.

Weil Liebe nicht mit dem Tod enden muss.

Danke

Dr. Sabine Sütterlin-Waack, als Gleichstellungsbeauftragte bin ich ein großer Fan von dir als Ministerin, als Autorin von dir als Mensch. Danke für deine persönlichen Worte, die mich sehr berührt haben.

Dr. Christiane Gog, ich bin sehr glücklich, dass wir uns kennengelernt haben. Ihre warmherzige und freundliche Art hat mir sehr geholfen, Ihre praktische Unterstützung hat uns als Familie in einer schweren Zeit Hilfe gegeben. Vielleicht schreiben wir ja mal gemeinsam ein Buch?

Dr. Beate Forsbach, das ist unser drittes, gemeinsames Buch zu einem ganz besonderen Thema. Danke, für deinen Mut und die Zusammenarbeit.

Mein ganz besonderer Dank gilt den Menschen, die ihre Trauer mit mir geteilt haben.

Jedes Gespräch war ein Geschenk und hat mich berührt. Ihr habt mich ab einem ganz besonderen Bereich eures Lebens teilhaben lassen. Ich bin sehr beeindruckt, von der Liebe, Wärme und Stärke, die ich erleben durfte.

Weiterführende Literatur

Brückner, Susann; Kraft, Caroline: *endlich. über trauer reden.* Goldmann Verlag, München 2022

Devine, Megan: *Es ist okay, wenn du traurig bist. Warum Trauer ein wichtiges Gefühl ist und wie wir lernen, weiterzumachen.* mvg Verlag, München 2018

Hay, Louise; Kessler; David: *Heile dein Herz. Wege zur Liebe und Kraft bei Trennung, Verlust und Abschied.* Allegria Verlag, Berlin 2014

Kempkes, Christine: *Mit der Trauer leben lernen. Impulse für eine neue innere Balance.* Junfermann Verlag, Paderborn 2020

Schroeter-Rupieper, Mechthild: *Geht Sterben wieder vorbei? Antworten auf Kinderfragen zu Tod und Trauer.* 10. Auflage, Gabriel Verlag, Stuttgart 2020

Voss-Eiser, Mechtild: *Noch einmal sprechen von der Wärme des Lebens. Texte aus der Erfahrung von Trauernden.* 8. Auflage, Herder Verlag, Freiburg 2010

Hilfreiche Adressen

- ASB Wünschewagen: Bundesweit werden letzte Wünsche von schwerkranken Menschen erfüllt. wuenschewagen.de/schleswig-holstein

- Lübecker Hospizbewegung/Ehrenamtliche Sterbe- und Trauerbegleitung: www.luebecker-hospizbewegung.de

- Kinderhospiz Sternenbrücke: sternenbruecke.de

- Kinder auf Schmetterlingsflügeln/Ehrenamtliche Familien- und Trauerbegleitung: kasf.de

- Sternenkindfotografie, Unterstützung bei der Trauerbewältigung von Totgeburten und verstorbenen Kindern. www.sternenkindfotografie.de

- Trauerland Zentrum für trauernde Kinder und Jugendliche: www.trauerland.org

- Travebogen/Palliativnetz: www.travebogen.de

- Trauerbegleitung, Trauergeschenke und Erinnerungswerkstatt: www.vergiss-mein-nie.de

- Trosthelden/Vermittlung von Trauerfreundschaften www.trosthelden.de

Die meisten dieser Angebote sind rein spendenfinanzierte Projekte. Die Nachfragen nach Beratungen und Begleitungen sind sehr gestiegen und nur durch den großen, persönlichen Einsatz der ehrenamtlichen Mitarbeitenden möglich. Danke!

Zur Autorin

Tinka Beller, Jg. 1970, ist Gleichstellungsbeauftragte, Expertin für Gender Diversity und Autorin.

Als ausgebildete Hospiz- und Sterbebegleiterin ist sie Vorsitzende der Lübecker Hospizbewegung e. V. und ehrenamtlich als Begleiterin für den „Wünschewagen" des ASB tätig.

Als Teilnehmerin von Podiumsdiskussionen oder Referentin versucht sie, die Themen „Tod und Sterben" in die Mitte der Gesellschaft zu bringen.

Kontakt: Sie möchten ein Feedback geben, haben Anregungen oder Fragen? Schreiben Sie mir gerne eine Mail an: Beller.Tinka@gmail.com – ich freue mich auf Ihre Nachricht!

Weitere Bücher von Tinka Beller

Tinka Beller

Vom Geschenk des Abschiednehmens

11,5 x 18 cm, 84 Seiten
ISBN 978-3-95904-088-4

2. Auflage
Edition Forsbach 2022

Als Sterbebegleiterin erlebt Tinka Beller immer wieder, wie nahe Lachen und Weinen in der letzten Lebensphase beieinander liegen.

Aus persönlicher Erfahrung schildert die Autorin die Besonderheiten der letzten Begegnungen:

Berührende Momente, Abschiednehmen in Zeiten von Corona und besondere Wünsche im Hospiz zeigen, wie viel Leben vor dem Tod möglich ist.

Dieses Buch möchte Mut machen, diese besondere Zeit anzunehmen und als Geschenk zu würdigen.

Tinka Beller

Von letzten Wünschen

11,5 x 18 cm, 92 Seiten
ISBN 978-3-95904-141-6

7. Auflage,
Edition Forsbach 2022

„Wenn ich einen Wunsch frei hätte, würde ich ..."

Dieser Aussage begegnet Tinka Beller als ehrenamtliche Hospizbegleiterin und bei Fahrten mit dem ASB-Wünschewagen regelmäßig.

Die Fehmarnsundbrücke sehen, ein Fußballspiel erleben, das Lieblingsgericht essen oder einen Sehnsuchtsort besuchen – Wünsche von Menschen, denen nicht mehr viel Zeit bleibt.

Tinka Beller berichtet von Momenten voller Intensität und Lebensfreude. Von großen und kleinen Wünschen – und von denen, die nicht mehr erfüllt werden konnten.

Beate Forsbach

Traurig war ich schon lange

Weiterleben ohne dich

12,5 x 19 cm, 188 Seiten
ISBN 978-3-95904-007-5

2. Auflage
Edition Forsbach 2021

Auch nach einer langen Kranken- und Pflegezeit ist es doch oft überraschend, wenn der geliebte Partner stirbt.

Beate Forsbach beschreibt ihren Weg durch die Trauerzeit, in der sie beginnt, ihr neues Leben zu genießen und wieder glücklich zu sein.

Durch die große Liebe zu ihrem Mann hat sie in der Zeit der Pflege nicht nur Geduld gelernt, sondern auch die Kraft gewonnen, ihr Leben ohne ihn weiterzuleben.

Mit ihrem Hund geht sie gerne zum Meer, das ihr ein Gefühl von Unendlichkeit und Frieden gibt.

Dieses Buch möchte Trauernden einen Weg zeigen, den Verlust ihres Partners zu bewältigen.

Elke Maria Raue

Eine Reise nach Italien

Wie Elina ihr Lächeln wiederfand

21 x 14,8 cm, 76 Seiten
ISBN 978-3-95904-148-5

Edition Forsbach 2021

Elina macht eine Woche Urlaub an der italienischen Adria, spontan und aus einem inneren Bedürfnis heraus. Erinnerungen an ihre Vergangenheit werden wach, voller Wehmut, Trauer und Einsamkeit.

Bei Sonnenschein, kulinarischen Genüssen und Begegnungen findet sie neuen Lebensmut und das, was sie schon für verloren geglaubt hatte: sich selbst, ihre Lebensfreude und ihr Lächeln.

Die Geschichte erzählt vom Annehmen und Wertschätzen, vom Wahrnehmen und Fühlen, von Mut und Vertrauen, von Achtsamkeit und dem Glück des Augenblicks.

Und es geht um die Liebe: zu Italien, zum Leben und zu sich selbst.

Zeitfracht Medien GmbH
Ferdinand-Jühlke-Straße 7
99095 Erfurt, Deutschland
produktsicherheit@kolibri360.de